LOÏSA,

COMÉDIE EN DEUX ACTES, MÊLÉE DE CHANT,

PAR Mme ANCELOT,

Représentée pour la première fois, à Paris, sur le théâtre du Vaudeville, le 17 juin 1843.

PERSONNAGES.	ACTEURS.
LOUIS KERVEN	M. LAFERRIÈRE.
LE COMTE DE SOISY	M. AMANT.
HERMANN DESRIVIÈRES	M. MUNIÉ.
CHRISTOPHE	M. BARDOU.
TOM	M. BALLARD.
LOISA	Mme DOCHE.
AGLAÉ DE MORANVILLE	Mme THÉNARD.

La scène se passe à Paris, en 1843, le premier acte chez Kerven, le second acte chez Mme de Moranville.

ACTE I.

Le théâtre représente un très joli salon d'un appartement de garçon, dans les Champs-Élysées. Porte au fond; portes latérales. A gauche du public, une table couverte de livres et de papiers; du même côté, une fenêtre. A droite du public, un guéridon sur lequel sont des journaux, et puis une cheminée.

SCÈNE I.

TOM, domestique en livrée, est occupé à arranger l'appartement. KERVEN, entre venant du dehors; il pose son chapeau, sa canne, et ôte ses gants; il a l'air un peu sombre.

KERVEN.

Tom, est-il venu quelqu'un ?

TOM.

Toujours les mêmes visites du matin, Monsieur.

KERVEN, avec humeur.

Ah !

TOM. *

Ces messieurs ne se découragent pas. Ils reviendront demain... Oh ! ils disent qu'ils reviendront jusqu'à ce que Monsieur ait payé leurs mémoires.

KERVEN, marchant avec impatience.

Qu'ils aillent se promener. En vérité, on n'est pas en sûreté chez soi avec ces gens-là... (Il regarde sa montre.) Maintenant il est tard, ils me laisseront en repos... et je veux être seul... (Le domestique s'en va; il le rappelle.) Tom !.. le bouquet est-il arrivé ?

TOM.

Monsieur sait qu'il l'a demandé pour cinq heures, et il n'en est que trois.

KERVEN.

C'est vrai... apporte-le dès qu'il viendra. Va, et ne laisse entrer personne.

SCÈNE II.

KERVEN, seul, plus gai.

Ce soir, au bal où je la retrouverai, elle tiendra le bouquet que je lui aurai envoyé ce matin. Aglaé... Mme de Moranville !.. si brillante... que tous les regards sont pour elle ! (Il ouvre la fenêtre, on voit des arbres.) Déjà les voitures sont nombreuses aux Champs-Elysées... Bientôt, je verrai la sienne aussi prendre la route du bois. (Il revient sur le devant.) Comme elle est élégante !.. Ah ! ce prestige de l'opulence et de la parure... est le plus grand charme d'une femme... Une femme mal mise, simple, inconnue que personne n'admire... (Il fait un geste de dé,

* Kerven, Tom.

dain, puis il s'approche d'une table et s'assied.) Voyons ce travail auquel je me suis engagé... Ah! il nuit à cet ouvrage qui lui sera dédié, à elle, dont le suffrage est déjà la gloire ! La société nombreuse qui l'entoure admire aussi ce qu'elle admire !..

(Il commence à écrire. Tom entre.)

SCÈNE III.

KERVEN, TOM, parlant au dehors.

KERVEN.

Qu'y a-t-il ?

TOM, entrant.

C'est un monsieur que je ne connais pas, qui ne veut pas dire son nom, et qui insiste pour vous parler.

KERVEN, cherchant.

Dis-lui que je suis encore au lit... Quand ce travail sera-t-il donc terminé?

(Il se remet à écrire. Tom disparaît.)

TOM, entrant.

Il dit qu'il n'est pas sain de rester couché aussi tard, et qu'il engage Monsieur à se lever bien vite.

KERVEN.

Alors, dis-lui que je suis malade. Toujours assailli, jamais seul, que cela est fatigant !

(Il se remet à écrire. Tom disparaît.)

TOM, rentrant.

Ce monsieur prétend qu'il a d'exellentes recettes pour toutes les maladies.

KERVEN, riant.

Ah!.. Eh bien! dis.. que je suis à l'extrémité, que je vais mourir. C'est inoui, ma parole d'honneur !

(Il se remet au travail. Tom disparaît.)

TOM, rentre en riant.

Il veut absolument vous dire adieu.

KERVEN, riant.

Ah ! tiens, dis... que je suis mort... Pour le coup... il me laissera en repos.

(Il se remet au travail. Tom disparaît et rentre en riant.)

KERVEN, riant.

Eh bien ! encore !

TOM.

Il dit qu'il veut vous embaumer.

KERVEN.

Est-ce que c'est M. Gannal ?

TOM.

Je ne sais pas.

KERVEN, se levant en riant.

Ah! ah! ma foi! qu'il entre!.. aussi bien je ne suis pas en train de travailler. (Tom disparaît.) Mme de Moranville !.. la musique d'hier aux Italiens, la toilette ravissante qu'elle y portait... mon bouquet... tout est là...

SCÈNE IV.

KERVEN, HERMANN.

KERVEN, étonné.

M. Hermann Desrivières !

HERMANN.

Qui a bien de la peine pour arriver jusqu'à vous.

KERVEN.

Si votre nom m'eût été connu...

HERMANN, souriant.

Je ne serais pas arrivé du tout, n'est-ce pas ?

KERVEN, de même.

Oh !

HERMANN, s'assayant.

Je suis fatigué, et ce sera peut-être un peu long.

KERVEN, à part, allant prendre un siége.

Eh bien ! c'est agréable !

HERMANN, regardant autour de lui.

Vous avez là un joli logement, élégant, recherché !.. ces meubles...

KERVEN, à part.

Est-ce qu'il va faire mon inventaire ?

HERMANN, assis.

Une belle vue!.. le haut des Champs-Elysées, mais c'est loin du centre de Paris.

KERVEN, s'asseyant, avec impatience.

C'est trop près encore...

HERMANN, moqueur.

Je comprends... pour éviter les importuns.

KERVEN, avec impatience.

Puis-je savoir, Monsieur, ce qui me procure l'honneur de vous recevoir chez moi ?

HERMANN.

Monsieur, j'ai quitté Toulouse il y a peu de temps.

KERVEN, moqueur.

Pourquoi avez-vous quitté cette jolie ville, Monsieur ?

HERMANN, continuant.

Il y a trois jours que je suis de retour à Paris.

KERVEN.

Et pendant ces trois jours nous nous sommes rencontrés trois fois dans la même maison.

HERMANN.

Ce qui prouve que nous avons grand plaisir à y aller, mais ne prouve pas que nous en ayons beaucoup à nous y voir.

KERVEN.

Oh ! pas du tout !

HERMANN.

Je parierais même que c'est tout-à-fait le contraire, et je ne suis venu que pour en causer avec vous.

KERVEN, étonné.

Comment ?

HERMANN.

Oui, Monsieur...

KERVEN, qui était distrait jusque là, devient attentif.

Que voulez-vous dire ?

HERMANN.

Que je suis venu, Monsieur, pour vous parler de la jolie veuve chez laquelle nous nous sommes rencontrés trois fois en trois jours, Mme de Moranville.

KERVEN.

Ah !

HERMANN, souriant.

Monsieur!.. nous avons à peu près le même âge, la même profession, vous êtes...

KERVEN.

Poète...

HERMANN.

Moi, je ne fais rien : ça se ressemble beaucoup !.. Nous avons aussi le même but... nous voulons... épouser la jolie veuve...

KERVEN.

Je n'ai pas de compte à vous rendre, Monsieur, et je ne sais de quel droit...

(Mouvement pour se lever).

HERMANN.

Encore un moment, Monsieur... je connaissais Mme de Moranville avant qu'elle eût l'honneur de vous connaître... mes soins avaient été agréés... j'espérais... (Mouvement de Kerven.) Oh! on ne m'avait rien promis positivement !.. Je fus obligé de partir pour Toulouse, il y a six mois ; notre jolie veuve ne voulut pas prendre d'engagement formel avec moi ; mais elle m'assura qu'elle resterait libre jusqu'à mon retour, — Je l'aime ! son humeur enjouée... son caractère plein de bonté, me l'ont rendue chère, malgré mon éloignement pour un défaut...

KERVEN.

Vous lui trouvez un défaut, Monsieur? vous ne l'aimez pas! Et si vous le lui avez dit, elle ne vous aimera jamais...

HERMANN.

Vous croyez ?

KERVEN, riant.

J'en suis sûr... Et ce défaut qu'elle ne vous pardonnera pas, est...

HERMANN.

D'aimer les choses singulières... bizarres.

KERVEN, riant.

Jalousie de métier.

HERMANN.

Toujours est-il que, malgré mes instances, je ne pus obtenir de Mme de Moranville, ni une promesse formelle, ni la permission de me rappeler à elle par quelques lettres... Vous êtes, me disait-elle, celui que je préfère aujourd'hui, mais six mois d'absence peuvent changer mes idées, et je ne veux pas me trouver irrévocablement engagée !.. Et comme je m'inquiétais alors de l'oubli qui pouvait me chasser de sa pensée, et du chagrin, de l'embarras, qui suivraient l'explication au retour, Mme de Moranville se leva en riant, et prit sur la cheminée une carte de visite que j'avais laissée la veille ; puis, y lisant mon nom !.. « Pour ne pas oublier une »minute, dit-elle en éclatant de rire, ce nom... »qui sera peut-être le mien, je vais le placer »ainsi seul, en évidence, en face de moi et de »tous, devant la glace, et accroché dans la bor»dure... ce sera... comme si vous étiez présent» Je ne pus m'empêcher de dire : Et s'il allait entendre... des choses... qui l'affligeraient ? personnifiant ainsi mon nom dans ma crainte jalouse...

KERVEN.

Alors...

HERMANN.

Alors, dit-elle en continuant la plaisanterie, si cela arrivait, si j'avais un secret qui pût nous séparer... votre nom disparaîtrait, je l'ôterais de devant mes yeux, et je jeterais cette carte au feu. Ah!. m'écriai-je ma carte anéantie.. anéantira donc toutes mes espérances. Eh bien! qu'il en soit ainsi... j'y consens... cela remplacera toute explication et vaudra mille fois mieux que des reproches et des plaintes! Si, au retour, mon nom est encore là, seul, à la même place, je reprends mon doux espoir... J'y renonce, au contraire, et je m'éloigne à jamais, si ma carte de visite a disparu.

KERVEN, avec joie.

Et la carte a disparu.

HERMANN.

Non, Monsieur... mais elle n'est plus seule...

KERVEN.

Ah !

HERMANN, avec un soupir.

Il y a la vôtre.

KERVEN, avec joie.

Quel bonheur !

HERMANN.

La vôtre d'un coté... puis celle de M. le comte de Soisy de l'autre.

(Un autre soupir.)

KERVEN.

Oh ! ce n'est pas possible.

(Ils se lèvent.)

HERMANN.

Je sais bien que c'est un vieux fat.

KERVEN.

Vieux ! il ne s'en doute pas! fat, il ne s'en soucie guère, et le monde fait comme lui ; on le recherche, on le fête, il a des succès... la mode le traite en favori, en enfant gâté.

HERMANN, souriant.

Vous voulez dire en invalide !.. C'est un étourdi vers sa cinquantième année d'étourderie... vieil enfant qui met de l'importance à des riens, et qui plaisante sur des choses importantes; mais il a un titre... de la fortune, et l'habitude d'imposer son opinion et ses goûts comme des lois du monde, sous prétexte qu'il est neveu au troisième degré du dernier duc de Lauzun ; il persuade à toutes les coquettes sans expérience et à tous les jeunes élégans un peu niais, qu'ils ne peuvent avoir de succès s'il n'est en première ligne parmi leurs amis... (On entend Ernest rire.) Mais c'est sa voix que j'entends... Est-ce qu'il serait des vôtres?

KERVEN, mécontent.

A ce qu'il dit !.. Quel bruit ?..

HERMANN.

C'est cela !.. il m'épargnera une course: je comptais aller chez lui en sortant d'ici.

KERVEN.

Ah!

SCÈNE V.

ERNEST, HERMANN, KERVEN.

ERNEST, entrant une cravache à la main, parlant avec affectation et tendant la main à Kerven.

Je gronde votre groom, une tenue déplorable, à déshonorer un gentleman; et comme vous l'avez pris sortant de chez moi... je ne dois pas souffrir...

KERVEN.

Permettez!..

ERNEST, continuant.

Puis, que se passe-t-il donc? on ne vous voit plus... ni au club, ni à l'Opéra! Vous n'étiez pas aux courses ce matin! il n'y avait que moi pour accompagner à cheval la voiture de Mme de Moranville. (Mouvement des deux autres, qui sont mécontens,) ce qui fait qu'elle a presque toujours été seule, tant il y avait de femmes de ma connaissance... Et les reproches! les bouderies! si je ne m'étais.. partagé. (Les autres haussent les épaules, lui regarde autour de la chambre.) J'y suis... vous travaillez? Votre livre paraît-il, enfin? Du bruit, du scandale, des portraits reconnaissables, les aventures récentes, Il faut cela!.. si l'on ne vous voit nulle part, et si vous ne faites pas un tapage d'enfer... je vous renie pour élève et pour ami...

KERVEN.

Mais, permettez donc?

ERNEST.

Tout ce que vous voudrez.

HERMANN.

Excepté de parler raison.

ERNEST, regardant Hermann avec son lorgnon.

Ah! c'est M. Hermann Desrivières! un jeune homme tout-à-fait... respectable, oui, oui, respectable, c'est le mot! Ce n'est pas lui qui badinerait avec l'amour, ou plaisanterait avec la vie! il s'en garderait bien! il prend tout au sérieux, la politique, le monde, les affaires! Oh! il est bien de son siècle!

AIR : Un petit mot.

C'est la raison
Qui maintenant gâte la vie;
C'est la raison,
Le plaisir n'est plus de saison.
On raisonne, on bâille, on s'ennuie,
Nous n'avons plus qu'une folie,
C'est la raison,
Notre folie, c'est la raison.
C'est le plaisir
Qui jadis charmait l'existence,
C'est le plaisir;
Et quand le bonheur semblait fuir,
Quand il trompait notre espérance,
Qui faisait prendre patience,
C'est le plaisir.
La raison vaut-elle le plaisir?

Et quand je pense que vous auriez pu être comme ce vénérable jeune homme, si je ne vous avais fait connaître Paris l'année dernière.

KERVEN.

Paris? je l'habitais depuis trois ans!

ERNEST.

C'est-à-dire que vous aviez quitté la Bretagne depuis trois ans... mais vous n'habitiez point Paris. (A Hermann.) Il vivait au Marais, travaillant du matin au soir... Je le découvre là... je reconnais en lui le sentiment de l'élégance et du bon goût; il me prend en amitié... son nom était déjà connu par un succès littéraire. (A Kerven.) Je vous vante, je vous amène à Paris, dans le monde... Je vous fais une réputation... il n'y a que nous pour cela!.. à qui Laharpe et Chamfort ont-ils dû leur entrée dans les nobles salons qui ont fait leur gloire? à qui la marquise de Pressac et la petite Duthé... ont-elles dû leur éclat? à mon oncle! au duc de Lauzun!.. Je vous le répète, il n'y a que nous pour cela!.. Mais il faut qu'on me fasse honneur!.. Allons, vite, quelque chose de bien extraordinaire, que l'attention se porte sur nous, ou nous sommes deux jeunes gens perdus!

KERVEN.

Nous parlerons de cela une autre fois: Monsieur a quelque chose à nous dire de plus pressé...

ERNEST.

De plus pressé?.. La coupe des habits est-elle changée? le bal du colonel a remis? ou le souper du marquis... contremandé?..

HERMANN. *

Non, et je vais tout de suite au fait... Je vous demande votre avis sur un point important, Monsieur!.. Que doivent faire des hommes rivaux?.. épris de la même femme?

ERNEST.

Ma foi... jadis on se battait.

HERMANN.

C'est vieux! Puis le plus aimé peut n'être pas le plus adroit, et le beau moyen de plaire à une femme, que de tuer celui qu'elle préfère!.. Ensuite, si au lieu de deux rivaux... on était trois? ce serait une espèce de massacre, et notre époque est à la paix générale...

ERNEST.

On pourrait tirer au sort: cela s'est fait! c'est drôle! Un jour le duc de Lauzun...

KERVEN.

Ah! Messieurs, quand ce ne serait que pour vous-mêmes, respectez davantage et votre affection et celle qui en est l'objet... Il faut qu'il en soit de l'amour comme de la gloire: le meilleur moyen de réussir doit être de s'en montrer digne.

ERNEST.

Vous êtes encore bien arriéré, mon pauvre Louis.

HERMANN, tendant la main à Kerven.

Vous êtes toujours un honnête jeune homme, M. Kerven. Eh bien! que votre avis devienne notre loi! Oui, Messieurs, je voulais vous consulter sur la conduite à suivre pour des hommes d'honneur qui se trouvent en rivalité près d'une femme qui ne veut pas s'expliquer franchement, sans doute pour se donner le temps d'apprécier celui avec qui elle passera sa vie... Au lieu de

* Ernest, Kerven, Hermann.

nous espionner mutuellement, d'user de ruses et de finesses pour nous tromper, de nous gêner, de nous nuire et de nous irriter... que la lutte soit loyale et franche!.. Aux regrets de ceux qui ne réussiront pas ne se mêlera ainsi nulle colère; et, dans ce noble combat, s'il en est qui perdent quelque chose de leur bonheur, ils ne perdront rien du moins de la délicatesse de leur caractère.

KERVEN.

Approuvé!.. Monsieur le comte de Soisy consent-il aussi?

ERNEST.

D'abord, Louis, vous savez nos conventions : point de cérémonie entre nous! entre jeunes gens on s'appelle par son petit nom. Dites : Ernest, comme je dis : Louis... Puis, en quoi cela peut-il me regarder?

HERMANN.

Il est question de Mme de Moranville, la gracieuse et élégante veuve que nous courtisons tous les trois.

ERNEST, riant aux éclats.

Ah! ah! ah! la bonne folie! Moi, votre rival? moi, disputant avec vous le cœur d'une femme qui ne viendrait pas de lui-même, et le premier? Ah! ah! ah!.. ceci est trop fort... Kerven, vous ne me connaissez donc pas? Quelle idée avez-vous de moi? Je ne vous le pardonne pas.

HERMANN, étonné.

Ah!..

KERVEN, embarrassé.

Mais...

ERNEST, allant s'asseoir très dédaigneux.

Allons, allons, Messieurs, arrangez vos affaires comme vous l'entendrez, mais ne me mêlez pas à vos arrangemens.

KERVEN.

Tant mieux.

HERMANN, à part. *

Il est encore plus fat que je ne croyais. (Haut et gaîment.) Et, maintenant, Messieurs, quels que soient les sentimens, avoués ou non, que nous éprouvons tous les trois, (Ernest fait un mouvement.) tous les trois... j'aurai la conscience d'avoir agi comme je le devais!.. Vous êtes prévenus; je ne tromperai personne; je ne cacherai ni mon désir de plaire à Mme de Moranville, ni mes démarches pour lui prouver ce désir. En ce moment, je vais essayer de la rejoindre au Bois. (Riant.) Et de cette fenêtre vous pourrez me voir escortant sa voiture... mais libre à vous d'en faire autant! Vous êtes de redoutables et honorables rivaux, et je serai plus affligé qu'étonné si vous l'emportez sur moi... Voilà, Messieurs, ce que j'avais à vous dire... Et, à présent, au revoir... j'ai l'honneur de vous saluer.

(Il va pour sortir.)

KERVEN, le reconduit en disant.

J'apprécie votre franchise et votre loyauté, Monsieur.

(Ils disparaissent tous les deux.)

* Ernest, Hermann, Kerven.

SCÈNE VI.

ERNEST, seul; puis, KERVEN.

ERNEST, s'asseyant à droite, avec dédain.

Cet Hermann Desrivières est d'un bourgeois!.. et ce Kerven d'un provincial!.. Quand j'aurai épousé Mme de Moranville. (Il rit.) Oh! je ne leur fermerai pas ma porte! Je ne craindrai rien de ces deux-là. (Il rit.) Les bons garçons!.. (Il se lève.) Mais je crois qu'il faut que j'épouse! pour mes créanciers!.. La petite femme est riche, eh bien, elle sera comtesse... pour son argent... Ça se fait ainsi! quand un jeune homme de famille se trouve dans l'embarras, un bon mariage répare tout.

KERVEN, entrant. *

Quel bonheur que vous ne soyez pas mon rival! je vous craindrais! puis je n'aurais plus d'ami à qui confier ma pensée, car vous êtes mon ami, quoique je vous trouve... parfois...

ERNEST, riant.

Un peu fat!.. n'est-ce pas? mais cela vaut mieux que d'être niais.

KERVEN, souriant.

Comme je l'étais quand vous m'avez connu?.. Ah! vous m'avez, il est vrai, initié à la vie parisienne, à son élégance et à ses plaisirs, et maintenant il n'y a plus d'autre existence possible pour moi! Il faut que le luxe m'entoure, que la femme que j'aime soit brillante et recherchée! J'ai besoin, chaque soir, de plaisirs, de salons dorés, de spectacles, de musique et de joies étourdissantes!

ERNEST.

A la bonne heure... voici l'homme du monde!

KERVEN.

Tout cela s'est identifié pour moi avec Mme de Moranville : je l'aime avec un amour exalté comme mes rêves de gloire.

ERNEST.

Allons, le poète revient.

KERVEN, riant.

Eh bien! pour rentrer dans le positif de la vie, je suis désolé de ne pouvoir encore vous rendre les cent louis...

ERNEST, ayant l'air de chercher à se souvenir.

Les cent louis?.. Ah! oui! les cent louis que je vous ai prêtés?.. je me souviens!.. Ne parlons pas de cela... entre jeunes gens!.. je vous ai prêté cent louis le mois dernier, vous m'en prêterez deux cents le mois prochain; c'est comme cela que ça se fait...

KERVEN.

Mais...

ERNEST.

Je vous dis que c'est l'usage...

KERVEN, avec un peu d'embarras.

La vie élégante est si chère à Paris que...

ERNEST, avec dédain.

Oh! oh! oh! quels mots! quelles idées! est-ce qu'on parle jamais d'argent, d'économie, de toutes ces ignobles choses? Voyez, moi, je vs comme doit vivre un jeune homme commeiil

* Ernest, Kerven.

faut... et je ne pense pas au reste! La vie de garçon! on engage, on dégage ses terres... les vôtres sont en Bretagne?..

KERVEN, embarrassé.

Je vous l'ai dit, je suis Breton.

ERNEST.

Noble race, pleine d'intelligence, de courage et de loyauté! Excellent pays... pour les sangliers!.. J'avais par là une façon de vieille tante, la marquise de Plénoë, chez laquelle j'ai chassé bien souvent!

KERVEN.

Parfois, au souvenir de mon pays, de ses sites agrestes, et de ses rochers sauvages, je sens battre mon cœur... Oh! que c'était poétique et pittoresque... mes montagnes!..

ERNEST, souriant ironiquement.

Puis quelques doux souvenirs sans doute?.. un premier et naïf amour?

KERVEN, souriant.

Oh! qui n'a pas ainsi quelque rêve presque effacé?

ERNEST.

Qui n'empêche rien.

KERVEN, souriant.

Quatre ans se sont passés depuis ce temps où Loïsa en avait seize! la sauvage fille de nos montagnes me révéla, sans le savoir, avec ses beaux yeux si vifs et son sourire charmant, l'art d'exprimer en vers ce qu'on a dans le cœur; mais ces vers, elle ne les eût pas compris! c'était une vraie fille de la nature!.. elle ne savait rien, pas même lire! je ne l'ai pas revue, je ne voudrais pas la revoir, Ernest!.. c'est encore un rêve gracieux! Mme de Moranville est la réalité! Son amour se mêle à toutes mes espérances de gloire: la célébrité a tant de prix à ses yeux!

ERNEST.

Mais, de nos jours, la gloire, c'est le scandale, l'exagération, les sentimens violens, grossiers.

KERVEN, vivement lui prenant la main.

Ah! je le sais!

AIR : du Piége.

Jadis on courtisait les grands,
Et c'est le peuple aujourd'hui qu'on encense!
L'homme médiocre en tous temps
Imite et flatte la puissance.
Le vrai talent, d'un plus vaste horizon
S'ouvrant la limite infinie,
N'a pour maître que la raison,
Et pour guide que le génie.

ERNEST.

Il a encore une foule de vieux préjugés.

SCÈNE VII.

ERNEST, KERVEN, TOM, ayant l'air étonné et contrarié de voir encore quelqu'un; il fait signe à son maître de renvoyer ce monsieur.

ERNEST, riant.

Tenez, Kerven, voilà votre groom qui veut vous parler en cachette de moi.

TOM, bas, à Kerven.

Monsieur...

KERVEN.

Parle haut, je n'ai point de secret.

TOM, un peu moins bas.

Une femme est là.

KERVEN.

Chut! (Bas, dans un coin.) Une femme?

TOM.

Qui ne veut entrer que si vous êtes seul.

KERVEN, à part, très joyeux.

Ce mystère! Je ne connais pas d'autre femme qu'elle... Si c'était elle, revenant du Bois? (A Tom.) Il faut que je le renvoie.

TOM, montrant l'antichambre.

Mais elle est là... il la rencontrera.

KERVEN, montrant une petite porte.

Le petit escalier, là... (Il va à Alfred, qui s'est promené et a regardé par la fenêtre ouverte sur les Champs-Élysées.) Me pardonnerez-vous?

ERNEST, riant.

Comment donc!.. entre jeunes gens... on connaît cela... Une autre fois... vous serez chez moi... Il en arrivera autant...

(Il va pour sortir.)

KERVEN.

Pas là... (L'arrêtant et montrant la petite porte.) Ici.

ERNEST, riant.

Oh! sûrement, je la rencontrerais... L'escalier dérobé, n'est-ce pas?* C'est drôle, pourtant! Quand vous parliez de votre amour passsionné pour Mme de Moranville... mais, nous autres, nous comprenons cela, Dieu merci!

KERVEN, embarrassé.

N'allez pas croire!

ERNEST, riant ironiquement.

Oh! mon Dieu, non!..

AIR du Vaudeville.

Oui, je prends ce chemin.
Plus d'embarras, de mystère:
Je consens à me taire,
Votre tour viendra demain.
Lorsque le bonheur arrive,
Au vol il faut le saisir;
J'ouvre la porte, et m'esquive.
Au revoir! Bien du plaisir!

ENSEMBLE.

ERNEST.

Oui, je prends ce chemin.
Plus d'embarras, de mystère!
Je consens à me taire;
Votre tour viendra demain.

KERVEN.

Oui, prenez ce chemin.
Pardonnez-moi ce mystère!
Consentez à vous taire;
Ce sera mon tour demain.

(Kerven lui ouvre la porte et le fait sortir.)

KERVEN, très troublé.

Et si ce n'était pas elle? et qu'il aille lui don-

*Kerven, Ernest.

ner des soupçons, à elle, à Mme de Moranville. que j'aime uniquement et pour toujours!

SCÈNE VIII.

KERVEN, LOISA.

(Loisa paraît à la porte et regarde avec attention. Elle a un costume de villageoise bretonne, et tient un panier et une branche de clématite.)

LOISA, mettant la main sur son cœur.
Comme il bat!

KERVEN, qui s'est retourné vivement pour aller à celle qui entre, s'arrêtant en reculant.
Ah!..

LOISA, retournant sur la porte et déposant son panier.
C'est moi!

KERVEN, étonné, et sans bouger.
Comment?

LOISA, gaiment, mais comme à elle-même.
Il n'ose pas approcher non plus.

KERVEN, à lui-même.
Quelle est cette jeune fille?

LOISA, avec douleur.
Ciel! Loïs ne me reconnaît pas?

KERVEN, étonné.
Loïs! ce nom!..

LOISA, pleurant.
Il ne se souvient plus de Quimperlé.

KERVEN, étonné.
Le nom de mon pays!

LOISA, se laissant tomber sur un siége avec l'accent d'une vive douleur.
Oh! pauvre Loïsa!

KERVEN, allant à elle et la menant sur le devant.
Loïsa... c'est elle! non, je n'ai pas oublié!.. Loïsa, revenez à vous, ne vous désolez pas ainsi!.. J'étais si loin de m'attendre à vous voir... (Il a de l'embarras.) que... c'est à peine... Je doute encore...

LOISA, pleurant.
Oh! mon Dieu!

KERVEN, embarrassé.
Vous êtes si embellie! (A part.) Ça va la remettre.

LOISA, avec un mouvement de joie.
C'est pour cela que vous ne me reconnaissiez pas.

KERVEN.
Sans doute. (A part.) La voilà remise.

LOISA.
Et maintenant?

KERVEN.
Je retrouve tous vos traits. (A part.) Quelle toilette!.. Si Ernest avait vu!

(Il rit.)

LOISA.
Vous êtes content? Quel bonheur!

KERVEN.
Mais comment êtes-vous ici?

LOISA.
AIR : Sonnons.

Je me suis fait attendre,
Mais de rester là-bas
Je n'ai pu me défendre :
Oh! ne m'en veuillez pas!
Vous aviez à votre compagne
Dit quelques mots, son seul trésor!..
Elle vient de Bretagne
Pour les entendre encor.
Loïs, Loïs s'en souvient-il encor?

KERVEN, à part.
Ma foi, s'il m'en souvient, il ne m'en souvient guère.

LOISA.
Un jour, le jour où j'eus seize ans, vous m'avez dit... Loïsa, je t'aime! (Elle se reprend.) Je vous aime.... et c'est pour toute la vie!.. puis... quand vous êtes parti... Ce soir où nous pleurions avec votre mère... vous m'avez dit: Je reviendrai... ou si, moi, je ne pouvais revenir ici... toi, qui es orpheline, libre de tes actions, viens me trouver, Loïsa!.. Moi, je n'avais rien promis... et cependant... je suis venue!

KERVEN, troublé et inquiet.
Ah! vous venez faire un voyage à Paris?.. Et avec qui?

LOISA, gaiment.
Non pas faire un voyage... mais rester à Paris... et je suis venue seule.

KERVEN.
Seule!

LOISA.
Depuis votre départ, Mme la marquise de Plénoë m'avait prise au château près d'elle; et comme c'était ma marraine, et qu'elle avait veillé sur moi dès mon enfance, je n'ai pas pu lui refuser mes soins quand elle était devenue infirme et aveugle; mais... elle n'est plus... et, alors, me voici.

KERVEN, avec intérêt.
Pauvre enfant! seule!

LOISA.
Pas maintenant... mais avec vous, et pour toujours.

KERVEN.
Comment!

LOISA.
Je ne retournerai plus au pays qu'avec vous... je le leur ai dit au moment des adieux... Si vous saviez comme ils m'embrassaient!.. comme ils me souhaitaient un bon voyage! comme ils me chargeaient de vous embrasser pour eux!

KERVEN, la regardant.
Ah!

LOISA, naïve et embarrassée.
Et je ne vous ai pas encore embrassé pour moi.

KERVEN, l'embrassant en riant.
Voyons donc!

LOISA, gaiment.
Et maintenant, vous me conterez tout ce qui vous est arrivé pendant ces quatre ans de séparation! Moi aussi je vous dirai tout!.. mais un

mot suffira... j'aimais!.. Toutes mes espérances étaient là... et tout mon bonheur est ici.

KERVEN, contrarié, à part.

Elle semble naïve et bonne!

LOISA.

Peut-ête aurais-je dû vous prévenir de mon arrivée?.. Vous avez un air d'embarras...

KERVEN.

Comment avez-vous fait pour me trouver?

LOISA, gaîment.

Dès que je fus libre de disposer de moi, ou plutôt de remplir mon devoir... car c'était mon devoir autant que mon bonheur, de venir près de vous, je fus trouver le notaire, qui, je le savais, avait été chargé par vous, après la mort de vos parens, il y a trois ans, de vendre tout ce que vous possédiez dans le canton.

KERVEN, souriant.

Et ce n'était pas grand'chose!

LOISA.

La petite ferme et la maison où votre père tenait son école.

KERVEN, faisant un mouvement d'impatience et de dégoût.

Allons!..

LOISA, allant au panier qu'elle a déposé en entrant.

Ah! vous vous rappelez bien, Loïs, la clématite qui entourait la porte d'entrée? elle couvre à présent toute la cabane. La veille de mon départ, j'ai été en cueillir une branche pour vous l'apporter... J'ai pensé que cette fleur de vos jours d'enfant, cette fleur soignée jadis par vos parens qui ne sont plus... vous serait chère et précieuse.

(Kerven est d'abord un peu troublé, mais son attention a été détournée pendant que Loïsa parlait. Tom est entré, portant le bouquet commandé. Kerven prend précieusement le bouquet et le met dans un vase qui est sur la table. Loïsa a pris et rajusté la clématite; elle la lui tend sans le regarder; puis, sentant qu'il ne la prend pas, elle se retourne.)

LOISA, étonnée et chagrine.

Vous ne la prenez pas?.. Ah!.. (Il ne l'entend pas, occupé à arranger le bouquet. Loïsa le voit et dit tristement:) Quelles belles fleurs vous avez là!.. (Elle soupire, regarde la clématite, et dit avec chagrin.) J'avais pris tant de soin pour ne pas la gâter en l'apportant!.. Je l'ai tenue ainsi à la main dans la voiture pendant les quatre-vingts lieues.

KERVEN, sortant de sa distraction.

Qu'y a-t-il?

LOISA, laissant tomber ses bras avec découragement; la clématite s'échappe et tombe.

Hélas!

AIR : Fleur des champs.

Fleur des champs, pauvre fleur chérie,
Autrefois si belle à ses yeux,
Loin du doux ciel de la patrie,
Que venais-tu faire en ces lieux?
Ces fleurs, qu'embellit la culture,
Ont un éclat si séduisant!
Simple fille de la nature,
Quel espoir te reste à présent?
Penche ta tête humiliée,
Pauvre fleur qui vas te flétrir!
Seras-tu la seule oubliée?
Seras-tu la seule à souffrir?

KERVEN, la ramassant.

Merci, Loïsa, de ce souvenir... Vous disiez?

LOISA, mélancolique et tendre.

Que je l'ai cueillie pour vous, près du banc de pierre où nous causions ensemble le soir... où un jour votre bonne mère prit nos mains dans les siennes en disant : Mes enfans!.. (Mouvement de Kerven.) que de fois, depuis votre départ, j'y suis retournée... La veille de sa mort, votre mère, bien faible et bien souffrante, s'y appuyait encore sur moi et me disait : Ma fille, porte mes adieux à Loïs... moi, je vais prier pour lui là-haut... toi, tu l'aimeras toujours ici-bas!

KERVEN, embarrassé.

Ah! ma mère!

LOISA.

Mais, pardon de vous avoir attristé par ce souvenir... (Elle regarde autour d'elle, et s'efforce de cacher sa tristesse.) Vous êtes heureux, Loïs? vous vous plaisez à Paris?

KERVEN, embarrassé.

Oui, mais je n'oublie pas mes anciennes affections... (Il dit cela négligemment, regarde la fleur qu'il tient, et dit :) Je garderai cette clématite.

(Il ne sait qu'en faire; il la jette avec indifférence sur la cheminée, puis revient regarder le bouquet, et va ensuite à la fenêtre. Loïsa suit ses mouvemens et essuie une larme.)

KERVEN, à lui-même.

Je n'ai pu voir passer sa voiture... je ne sais si elle est rentrée.

LOISA.

Peut-être avez-vous quelque affaire?.. Ne vous gênez pas, Loïs, j'attendrai.

(Elle s'assied.)

KERVEN.

Comment! mais vous ne pouvez pas rester ici.

LOISA.

Où dois-je aller?

KERVEN.

N'avez-vous pas un logement? d'où venez-vous en ce moment?

LOISA, très naïve.

Ne vous l'ai-je pas dit?.. Je descends de la voiture qui m'amène de Quimperlé... j'avais votre adresse, et je suis venue tout de suite chez vous... pour y rester.

KERVEN, mécontent.

Que dites-vous?

LOISA.

Pourquoi cette surprise?.. Ah! vous pensez que je suis bien fatiguée?.. Un peu, c'est vrai, parce que je n'ai pas dormi les deux dernières nuits... la joie de vous revoir, le soin de veiller sur cette petite branche... Mais, est-ce que je pensais seulement à la fatigue, au froid ou à la chaleur?.. Je venais près de vous.

KERVEN.

Ah! cependant, il faut vous éloigner... aller dans un hôtel.

LOISA.

Comment! vous quitter?

KERVEN.

Sans doute.... Vous pâlissez!.. Mais, qu'avez-vous?

LOISA.

Je vous le dirai... maintenant je ne puis.

KERVEN.

Vous paraissez souffrir!.. la fatigue... Peut-être avez-vous oublié de...

LOISA, faible, mais essayant de se soutenir.

Oublier de dîner? et même de déjeuner, voulez-vous dire?.. C'est vrai... mais ce n'est pas cela qui m'a fait mal.

KERVEN.

Loïsa, venez là... dans la salle à manger... pendant que moi j'irai vous chercher un logement.

LOISA, hésitant.

Dans cette maison... la moindre petite chambre... (L'examinant.) pour le peu de jours...

KERVEN, étonné.

Peu de jours?.. mais vous disiez...

LOISA, avec embarras.

Oui... je comptais rester à Paris... mais non pas seule... Je croyais y passer tous les instans de ma vie près de celui que je venais chercher.

KERVEN.

Quelle folie!.. Vous ici, chez moi?.. chez un jeune homme? une fille de votre âge?.. Mais seulement d'y être venue est un tort qu'on pourrait vous reprocher... qui vous nuirait... qui me...

LOISA, étonnée.

Qui vous nuirait aussi?.. Vous ne voudriez pas qu'on me vît chez vous?

KERVEN.

C'est tout au plus si une sœur!..

LOISA, vivement.

Une sœur?.. Si j'étais votre sœur, je pourrais rester?.. et ne vous jamais quitter?.. (Détournant les yeux.) Est-ce qu'il n'est pas d'autres moyens, d'autres liens?

KERVEN, étonné, effaré, à part.

C'est cela... le mariage!

(Il rit avec moquerie.)

LOISA.

Ah! vous ne répondez pas?

KERVEN, embarrassé.

Qu'avez-vous dit?

LOISA, très naïvement, mais l'examinant.

Je vous demandais... si vous n'auriez pas un moyen... de rester ensemble, de ne jamais nous séparer?

KERVEN, indifférent, et cherchant son chapeau.

Je n'en sais pas.

LOISA, à part, sanglottant avec désespoir.

Ah! tout est perdu!

KERVEN, se retournant, à part.

Quel ennui!.. (Il s'approche, et prend un ton de consolation.) C'est de l'enfantillage... pleurer! Ah! vous sentez bien qu'à présent les choses sont différentes... A Paris, les habitudes, les idées, la position, tout change!..

LOISA, pleurant.

Surtout le cœur!

KERVEN, avec un geste d'ennui.

Ah! croyez que je vous garde de l'intérêt, de l'amitié... mais, pas de larmes!.. c'est... (A part.) c'est insupportable!

LOISA, à elle-même.

Oh! mon Dieu! du courage!

KERVEN, avec un ton amical.

Vous partirez, Loïsa... vous quitterez Paris le plus promptement possible... vous retournerez en Bretagne, près de vos parens.

LOISA.

Je n'en ai plus.

KERVEN, impatient et embarrassé.

De vos amis... de ceux qui vous connaissent et qui vous verront revenir avec plaisir... Mais, l'intérêt que je vous porte... me force à vous éloigner... Je vais vous chercher un logis convenable... je vous reverrai... Allons, soyez raisonnable.

(Il sort.)

SCÈNE IX.

LOISA, seule.

Il a tout oublié... jusqu'à l'adieu de sa mère, où elle nous embrassait ensemble!.. (Elle pleure.) Quoi! je retournerais au village, seule et désolée!.. quand ils m'attendent avec lui!.. quand ils savent que je suis venue le chercher! qu'ils m'ont vue, pendant quatre années, refuser pour lui!.. Oh! non, non!.. il vaut mieux mourir ici... que de vivre là-bas... où je ne le verrais jamais!..

AIR de Colalto.

Espoir trompeur, rêves, hélas! trop courts,
Deviez-vous donc vous envoler si vite?
J'allais revoir l'ami de mes beaux jours,
Tout mon cœur s'élançait vers les lieux qu'il habite!
Je me disais : « Si le bonheur a fui,
Dieu me le garde au terme du voyage!.. »
Pour le chercher j'ai quitté le village;
Je ne veux pas y retourner sans lui!

(Elle est sur le devant; elle cache sa figure dans ses mains.)

SCÈNE X.

LOISA, ERNEST.

(Il entr'ouvre la porte de l'escalier dérobé.)

ERNEST.

Je n'entends plus rien... conçoit-on Kerven, qui me met sur cet escalier dont la porte en bas est fermée? impossible de sortir!.. Je crains d'être indiscret en rentrant... Mais où est-il, Kerven?

LOISA, qui était restée absorbée se lève vivement.

Ciel, quelqu'un!

ERNEST.

Quoi! encore là... Quelle est jolie!.. et il vous laisse seule? (Il s'approche d'un air familier.) Ce n'est pas aimable à lui!

LOISA, choquée, reculant.

Monsieur!..

ERNEST.

Ah! ah! notre sévère et sentimental Kerven se permet de pareilles fantaisies?

LOISA.

Ah! que dit-il?

ERNEST.

Et il me met à faire sentinelle sur l'escalier? Il me le paiera... ou plutôt. (Il veut lui prendre la main.) Ma belle enfant, ce sera vous...

LOISA, reculant avec fierté.

Prenez garde, Monsieur!

ERNEST, riant.

J'aime cet air de colombe effarouchée!.. c'est de rigueur avec le costume villageois. (Il la regarde avec insolence.) Je parie que c'est au bal de Sceaux que vous avez fait sa connaissance? ou à la fête de Montmorency?.. Il est capable d'aller dans tous ces endroits-là, lui!.. Au reste, il en ramène de bien jolies conquêtes... mais... je lui en veux!.. des mystères!.. Entre jeunes gens, on se dit tout!.. mais il n'y a que nous pour cela!..

LOISA.

Et vous savez de lui?

ERNEST, riant et s'approchant.

Que je voudrais bien pouvoir lui enlever une de ses conquêtes pour me venger...

LOISA.

Est-ce qu'il vous enlève les vôtres?

ERNEST, riant.

Il fait du moins tout ce qu'il faut pour cela!.. juste dans ce moment-ci...

LOISA, s'approchant.

Comment? que dites-vous?

ERNEST, riant.

Aussi, suis-je en droit de lui rendre la pareille. (Il veut essayer de l'embrasser; elle lui échappe; il s'arrête et la regarde de loin en riant.) Cet effroi de vertu indignée est tout-à-fait drôle!.. et il y aura plaisir à vous apprivoiser, ma belle enfant!.. Vive la beauté qui dit non!.. c'est si rare!..

LOISA, à elle-même, avec effroi et douleur.

A peine arrivée... déjà des paroles cruelles ont brisé mon cœur... et d'autres font rougir mon front...

ERNEST.

Eh bien!... belle sauvage... vous perdez trop de temps à réfléchir.

LOISA, de même.

Des mécomptes pour l'affection! des outrages pour la faiblesse! voilà ce que je trouve ici! N'y sait-on rien respecter?

ERNEST, qui s'est approché, a entendu la dernière phrase.

Ah! nous voulons du respect? Oh! oh! c'est dommage!.. le lieu et la situation y prêtent si peu! (Il lui prend la main et l'attire à lui.) *

Air de Doche.

ERNEST.

Allons, apaisez vous, ma belle,
Et surtout calmez votre effroi.

LOISA.

Au secours faut-il que j'appelle?
Partez, partez, et laissez-moi!
Oh, laissez-moi! *
Des outrages, mon Dieu,
M'attendaient en ce lieu,
Quand, pour chercher Loïs,
J'ai quitté mon pays?

ENSEMBLE.

ERNEST.

Vous m'écouterez,
C'est en vain que vous me fuirez!
Belle enfant, vous m'écouterez,
A vos genoux lorsque vous me verrez,
De mon amour vous me remercirez,
Vous me remercirez!

LOISA.

Oh! Monsieur, vous me laisserez,
C'est en vain que vous me suivrez!
De vos efforts je me délivrerai,
Et malgré vous je vous échapperai,
Je vous échapperai!

(Pendant le morceau, en se défendant elle cherche à s'échapper; elle est très effarée. Après avoir guetté le moment, elle s'arrête sur la porte, l'ouvre, sort, la referme vivement, et quand il veut la suivre, on l'entend tourner la clé dans la serrure.)

SCÈNE XI.

ERNEST, seul, criant et essayant d'ouvrir.

Ah çà! mais c'est trop fort aussi!.. Écoutez donc!.. ouvrez donc! (Il écoute.) Elle s'enfuit? Maudite fille! enfermé d'un côté et de l'autre!.. Ah! la fenêtre... appelons! je n'ai pas envie de rester ici. (Il regarde à la fenêtre.) Ah! la voilà qui sort de la maison! Écoutez-moi, ma belle enfant... Elle court comme une folle.. à travers la foule, au milieu des voitures... sous les pieds des chevaux... (Un cri.) Ah! elle est tombée!.. Ciel!

(La porte s'ouvre, Kerven paraît.)

SCÈNE XII.

KERVEN, ERNEST.

ERNEST, vivement.

Kerven!

KERVEN, étonné et contrarié.

Vous ici!

ERNEST, veut sortir.

Elle est sous les pieds des chevaux, écrasée!..

KERVEN.

Qui? mais parlez donc!

ERNEST.

Cette jeune fille...

KERVEN.

Oh! Dieu!

* Ernest, Loïsa.

* Loïsa, Ernest.

SCENE XII.

ERNEST, KERVEN, AGLAÉ, HERMANN, UN DOMESTIQUE portant Loïsa évanouie et la déposant sur un siége à droite du public, sur le devant.

HERMANN.

M. de Kerven ! un asile pour une jeune fille blessée... j'ai reconnu votre maison, et j'ai pensé à l'y amener.

KERVEN, très effaré en voyant tant de monde.

Ciel !

AGLAÉ, regardant.

Ah ! c'est ici votre demeure... Pardon pour notre arrivée... c'est un envahissement... mais des secours nécessaires...

(Hermann s'empresse vers Loïsa.)

HERMANN.

Je crois qu'elle n'a eu que de la frayeur...

AGLAÉ.

Quel bonheur !.. point blessée !.. Quelle peur j'ai eue... Je la voyais courir pour traverser les Champs-Élysées, et arriver sous les pieds des chevaux... tomber... elle devait se tuer...

LOISA.

Ah !

AGLAÉ.

Ah ! je crois qu'elle reprend connaissance.

KERVEN, à Ernest pendant qu'Hermann et Aglaé s'occupent de Loïsa.

Comment étiez-vous ici ?

ERNEST, embarrassé.

Enfermé là... ne pouvant sortir, je suis rentré.

KERVEN, effrayé.

Et elle ?

ERNEST.

Effrayée de quelques plaisanteries, elle s'est échappée en courant.

KERVEN, avec colère.

Ah ! c'est vous...

AGLAÉ, se rapprochant de Kerven.

Elle se ranime... voyez...

LOISA, qui ne voit pas encore où elle est, se soulève et répond à Hermann, qui a l'air de lui parler.

Je... ne souffre pas... je ne suis pas blessée !.. merci !

AGLAÉ, désignant Hermann.

C'est à lui que vous devez la vie ! A cheval, près de ma voiture, il a vu le danger et il a arrêté les chevaux !.. Ainsi vous n'avez aucun mal ?

LOISA, souriant.

Aucun ! Je ne sens que ma reconnaissance pour vos soins... (Elle regarde autour d'elle, reconnait le logement de Kerven et fait un mouvement.) Ah !

AGLAÉ, regardant autour d'elle.

Qu'y a-t-il ? Ah ! M. de Soisy !.. Mais je me trouve au milieu de mes amis !.. tant mieux... Cela me remettra d'une émotion si pénible... (Elle regarde Loïsa qui est très émue.) Qu'avez-vous donc ?

LOISA, regardant autour d'elle et surtout Kerven.

C'est bien ici ! c'est bien lui ! c'est le ciel qui le veut ! qui me fait revenir près de lui !..

(Mouvement de tous.)

KERVEN.

Dieu !

HERMANN.

Que dit-elle ?

ERNEST, à part.

L'explication...

AGLAÉ.

Vous connaissez donc M. de Kerven ?

LOISA.

Si je le connais ?

ERNEST, riant, à part.

Aïe ! aïe !

KERVEN, très effaré.

O Dieu ! si vous saviez !

LOISA, elle le regarde, fait un geste pour l'empêcher de parler.

Si je le connais !.. mon frère !

(Mouvement de tous.)

AGLAÉ.

Votre frère ?

LOISA, prenant peu à peu de la fermeté et passant entre Aglaé et Kerven.

Oui, Madame, mon frère... dont je suis séparée depuis quatre ans... Orphelins tous les deux, et libres de nos actions, nous nous étions promis jadis... de passer notre vie ensemble... Une amie eut besoin de mes soins... je ne l'ai pas quittée ; c'était un devoir... Elle n'est plus, et je suis venue... mais j'ai eu tort !.. Dans mon empressement je n'ai pas prévenu... mon frère, je suis arrivée chez lui, ce matin, ce qu'il a blâmé... Moi, je ne suis qu'une simple fille de la campagne... j'ignore les usages et les habitudes des villes, et je ne savais pas qu'il y eût quelque chose à craindre... Ah ! dans tout le canton de Quimperlé je courais seule sans peur et sans danger... je ne trouvais partout que du respect et de l'amitié.

AGLAÉ, à Kerven.

Votre sœur est charmante, Monsieur Kerven ! gracieuse, naïve, et s'exprimant à ravir.

KERVEN, à part, étonné.

C'est singulier, en effet.

ERNEST, à part.

Et moi qui tout à l'heure... Ah ! je lui ferai mes excuses !

AGLAÉ.

Mais votre frère a raison, Mademoiselle... Il est peu prudent à une aussi jolie personne d'être sans appui dans une ville où elle est inconnue : il vous faut une protection... une amie ; je veux dire... Permettez-vous que je sois cette amie ?

LOISA.

Que vous êtes bonne !

KERVEN, troublé.

Comment !

HERMANN, à part.

Cette prompte amitié pour la sœur...

AGLAÉ.

Et puisqu'il n'est pas convenable que vous restiez ici... veuillez bien venir chez moi !..

KERVEN, avec un mouvement d'effroi.

Oh !

LOISA.

Chez vous, Madame?

AGLAÉ.

Vous y verrez chaque jour votre frère; et placée honorablement dans le monde, je puis..

KERVEN, balbutiant.

Certes... elle ne pourrait être mieux ; mais je ne souffrirai pas...

AGLAÉ.

Pourquoi donc? rien de plus naturel! Votre sœur est charmante... vous êtes mon ami.. elle sera... mon amie... Je vous saurais mauvais gré d'un refus.

LOISA, allant près d'elle.

Et il ne refusera pas!... il me laissera profiter d'une bonté qui me donnera l'occasion de le voir sans aucun des inconvéniens qu'il redoute...

(Elle a dit cela avec un regard qui le surprend et l'intimide.)

AGLAÉ.

C'est convenu ! je l'emmène avec vous, chez moi, et tout de suite... ces Messieurs nous suivront à cheval.

(Après avoir parlé, elle s'est mise à regarder avec intérêt autour de la chambre; elle s'est approchée de la table et touche des papiers.)

ERNEST, riant.

Charmant!.. tout le monde dira : Quelle est cette nouvelle beauté qui connaît ce... mauvais sujet d'Ernest?..

KERVEN, bas, à Loisa.

Et vous iriez ?

LOISA, bas, souriant.

Si vous l'empêchez, je dis tout...

AGLAÉ, à Kerven.

C'est là que vous travaillez?

KERVEN, s'approchant.

Et que je pense à vous.

HERMANN, s'approchant.

Madame prend un grand intérêt, il me semble...

AGLAÉ, sans l'écouter, regardant le bouquet.

Quelles jolies fleurs!

ERNEST, prend vivement le bouquet devant Kerven qui a fait le même mouvement, l'offre à Aglaé.

Permettez que j'aie l'honneur de vous l'offrir.. Moi, je suis connu pour mes bouquets!... charmans, délicieux!.. c'est un de mes mérites.

AGLAÉ, * riant prend le bouquet en regardant Kerven.

En mémoire de ce jour, de cette visite... je le garderai.

LOISA, est restée seule auprès de la cheminée; elle regarde tout, puis elle prend la petite branche de clématite.

A moi ce souvenir du passé!

AGLAÉ.

Il est temps de partir.

(Tom est entré; tous vont sortir.)

* Ernest, Aglaé, Hermann, Kerven, Loïsa.

KERVEN, appelant. *

Tom... la voiture de Madame est-elle là?

TOM.

Oui, Monsieur... on la fait approcher.

AGLAÉ.

Partons !

TOM, à part.

Ah! la petite Bretonne en est!

KERVEN, à Tom.

Vous êtes libre pour la soirée, Tom.

AIR de Doche.

ERNEST, AGLAÉ, HERMANN.

Le jour baisse, il est tard,
Partons sans retard !
Notre zèle aujourd'hui
Vous offre un appui;
Venez donc avec nous:
Et rassurez-vous :
L'amitié,
L'amitié
Veillera sur vous.

SCÈNE XIV.

TOM, seul.

Je suis libre!. bravo!. j'ai un bal superbe ce soir; la plus belle société!.. tous maîtres d'hôtel et valets de chambre, la livrée n'est pas reçue!. (Il ouvre un armoire.) Ma foi! un habit de mon maître, voilà le dernier qu'il a fait faire.. Il ne l'a encore mis qu'une fois... (Il passe l'habit.) il me va bien!.. (Il prend un chapeau dans l'armoire.) Bon, c'est le chapeau neuf!.. (Il prend une canne dans un coin.) A présent, la petite canne... (Il se pavane.) Pas mal. Maintenant pour qui passerais-je? Ah! je suis le valet de chambre d'un prince brésilien!..

SCÈNE XV.

TOM, CHRISTOPHE.

(Un paysan breton a paru vers la porte un peu avant la fin ; quand Tom va pour sortir, ils se heurtent et Tom revient en scène, l'autre avance.)

CHRISTOPHE.

Oh !

TOM.

Ouf!.. Qu'est-ce que c'est que ça?

CHRISTOPHE.

Pardon, excuse! je ne vous voyais pas.. il fait si sombre!.. C'est ici que demeure M. Kerven?

TOM.

Sans doute... Mais qui êtes vous ?

CHRISTOPHE.

Je suis Christophe, j'arrive de Bretagne.

TOM, à part.

Ah! ça, il y a donc aujourd'hui une invasion de Bretons dans cette maison-ci!

* Ernet, Hermann, Kerven, Aglaé, Loïsa.

CHRISTOPHE.

Et n'êtes-vous pas Kerven, vous, celui que je cherche ?

TOM, à part.

Tiens ! il me prend pour mon maître.

CHRISTOPHE.

Quel bonheur que je vous aie trouvé tout de suite ! Vous ne me reconnaissez pas ? C'est tout simple ! d'abord, on ne peut pas distinguer les traits, puis il y a si long-temps que nous ne nous sommes vus ! mais vous ne pouvez pas avoir oublié mon nom! Donnez-moi donc la main, et répondez-moi ! Elle est arrivée, pas vrai ? vous l'avez vue ?

TOM.

Qui cela ?

CHRISTOPHE.

Elle ! Loïsa ! Mlle Loïsa ! elle est venue ici, n'est-ce pas ?

TOM.

Oui, mais pardonnez-moi... il faut...

CHRISTOPHE, l'arrêtant.

Oh ! je ne vous retiendrai pas !.. Un seulmot ! Je repars demain au point du jour !

TOM, à part.

h ! il repart demain ! (Haut.) Eh bien ! que Avoulez-vous ? qui vous amène ?

CHRISTOPHE.

Elle ! son sort ! son avenir !

TOM, à part.

C'est quelque amoureux de la petite.

CHRISTOPHE.

Son mariage avec vous.

TOM.

Avec moi ? (A part.) Tiens ! est-ce que mon maître ?.. excellente occasion pour tout apprendre.

CHRISTOPHE.

Ah ! ça, Kerven, qu'est-ce que vousavez donc à ne pas me répondre ? à marmotter tout bas ? Est-ce que j'aurais égratigné votre fierté par hasard ? (Il indique ses habits.)

TOM.

Non ! une préoccupation... des affaire !

CHRISTOPHE.

Ah ! soyez tranquille, je ne veux pas vous déranger... Mais tenez, moi je suis un franc Breton et je ne vois pas pourquoi je ne dirais pas la vérité. Parce que vous êtes devenu un beau monsieur... vous croyez peut-être... mais nous n'en sommes pas moins égaux, voyez-vous !

TOM.

Ah ! ah !

CHRISTOPHE.

AIR : Connaissez mieux le grand Eugène.

Jadis, au lieu qui tous deux nous vit naître,
N'avons-nous pas joué, pauvres enfans ?
Et, maintenant, Kervent daigne peut-être
Se souvenir que nous étions parens ?
Souvenez-vous que nous étions parens.
Si mon habit vous offusque, et vous blesse,
Mes sentimens sont tous dignes de vous :
Les beaux habits ne font pas la noblesse,
Il faut songer au cœur qui bat dessous !
N'oublions pas le cœur qui bat dessous.

Touchez donc là, cousin !

TOM, à part.

Cousin ! Mon maître serait flatté !. Débarrassons-le de ce malencontreux parent!

CHRISTOPHE, à part.

Il recule ! (Haut.) Ah ! pauvre Loïsa !

TOM, se rapprochant.

Que dites-vous de cette jolie fille ?

CHRISTOPHE.

Je dis qu'elle est encore meilleure qu'elle n'est jolie.. Tous pleuraient au village quand elle est partie !

TOM.

Vraiment !

CHRISTOPHE.

Et je veux leur porter de ses nouvelles, voilà tout !

TOM.

Elle se porte à ravir.

CHRISTOPHE.

Mais où est-elle donc ?

TOM.

Une dame a emmené chez elle la jeune Bretonne, et je vais si, vous le permettez..

CHRISTOPHE.

La retrouver avec moi, je veux bien !

TOM.

Cela ne se peut pas !

CHRISTOPHE.

Oh ! je vous en supplie, laissez-moi vous suivre, Kerven !.. Je vous quitterai dès que j'aurai pu lui dire un dernier adieu.. Tenez, si mes habits et mes manières vous choquent... je ne dirai pas que nous sommes parens... je ne parlerai pas de not' pays puisque vous semblez l'avoir oublié.. Voyez, je ne me plains pas de vous, et pourtant au village, si vous étiez venu dans ma pauvre cabane, ce n'est pas ainsi que je vous aurais reçu...

TOM.

Mais...

CHRISTOPHE.

Pas de mais ! venez !.. Je vous apprendrai combien elle mérite d'être heureuse... combien vous êtes heureux d'en être aimé !..

TOM.

Eh bien ! venez donc ! Je le perdrai en route.

ENSEMBLE.

AIR de l'Extase.

CHRISTOPHE.

Venez donc ! venez donc !
Rendez-moi sa présence :
Ce retard est trop long
Pour mon impatience :
Je vais r' partir demain,
V' nez, montrez-moi l' chemin.

TOM.

Allons donc, allons donc !
Cédons à son instance,
Ce retard est trop long
Pour son impatience :
Il va partir demain,
Moi, j' vais le perdre en ch'min.

FIN DU PREMIER ACTE.

ACTE II.

Un salon élégant chez Mme de Moranville. Au fond, une cheminée ; d'un côté de la cheminée, un piano ; de l'autre, une console garnie de fleurs. A gauche du public, deux portes ; à droite, une porte. Sur le devant, à droite du public, un canapé ; près du canapé, un guéridon et tout ce qu'il faut pour écrire.

SCÈNE I.

Mme DE MORANVILLE, étendue sur un canapé; LOISA, entrant par la porte à gauche du public; elle a une robe blanche très élégante.

AGLAÉ.

Ah! c'est vous, Mademoiselle.

LOISA.

Qui attendais impatiemment l'heure où il me serait permis de venir vous remercier.

AGLAÉ, souriant.

Et je me suis levée plus tard pour la fatigue d'un bal, que vous pour celle d'un long voyage!.

LOISA.

Mais moi... je m'étais trouvée si souffrante hier, qu'en entrant ici chez vous je vous avais quittée tout de suite pour me retirer dans l'appartement que votre bonté m'avait offert : mon trouble, ma fatigue, et je ne sais quel malaise m'avaient ôté jusqu'au pouvoir d'exprimer ma reconnaissance!.. Le repos et la solitude m'ont redonné des forces, et ma première pensée est pour vous!.. Je viens, confiante, chercher celle qui, même avant de me connaître, ma reçue... comme on reçoit une amie.

AGLAÉ.

Une amie... oui, c'est cela... plus de cérémonie entre nous! Loïsa, mettez-vous ici, (Elle la fait asseoir près d'elle sur le canapé.) et causons.

LOÏSA.

Je veux vous confier tout ce qui me regarde.

AGLAÉ.

Et moi aussi!.. une amie!.. mais c'est ce qui me manquait, j'en suis sûre; car j'ai d'ailleurs tout ce qu'on peut désirer, et pourtant... je m'ennuie parfois... Et vous?

LOÏSA.

Jamais.

AGLAÉ.

Cependant vous habitiez la campagne; un pays presque désert, où je parie qu'il n'y avait ni bal, ni spectacle?

LOÏSA, souriant.

On n'y sait pas même ce que c'est.

AGLAÉ.

Et l'on n'y meurt pas d'ennui? et vous y avez vécu?.. sans aucun plaisir?.. seule?

LOÏSA.

Seule! non pas... j'avais une espérance! elle ne me quittait jamais... me tenait compagnie... et c'est elle sûrement qui empêchait l'ennui d'approcher. (A part.) Je dois tout lui dire.

AGLAÉ, souriant.

Je devine... une espérance d'amour!

LOÏSA, vivement.

Oui.

AGLAÉ.

Un jeune homme que vous aimiez?

LOÏSA.

Oui.

AGLAÉ.

Qui désirait vous épouser?

LOÏSA.

Oui.

AGLAÉ.

Et bien moi... j'en ai trois! et, à eux trois ils, ne sont pas toujours de force à repousser l'ennui!

LOISA.

Trois, c'est trop.

AGLAÉ, riant.

Oui, trois! le comte de Soisy, qui n'est plus bien jeune, mais à la mode dans le beau monde... M. Hermann Desrivières, jeune homme ayant de la raison... pour deux, et de l'amour comme quatre!.. puis, un poète, un écrivain de talent qui peut rendre mon nom célèbre, M. Louis de Kerven... votre frère.

LOÏSA, se levant vivement, étonnée et chagrine.

Ah!..

AGLAÉ, riant.

Cela vous étonne? Quel enfantillage?.. oui... votre frère... qui a fait pour moi des vers charmans.

LOISA.

Et il vous aime?.. il vous... le dit?..

AGLAÉ.

Tous les jours.

LOISA, à part, avec douleur.

Ah! je lui dois tout cacher!

AGLAÉ.

Oh! les deux autres aussi!.. je n'entends que cela!.. Si c'était toute autre chose qu'on répétât ainsi, j'en serais excédée; mais s'entendre dire qu'on est jolie, qu'on vous aime... c'est toujours amusant.

LOISA, étonnée, se rapprochant.

C'est pour vous un amusement?

AGLAÉ.

Excepté les jours de pluie.

LOISA, très étonnée.

Comment?

AGLAÉ, gaîment.

Ainsi, avant-hier, vers quatre heures, un orage affreux... la promenade est impossible, et me voilà ici seule avec ces trois Messieurs! Chacun, contrarié de la présence des deux autres, montrait une impatience assez amusante d'abord... mais cela s'est trop prolongé... car, pour ne pas me laisser seule avec un rival, aucun n'osait sortir... nous avions bien tous les quatre essayé d'être aimables : mais de l'esprit trois heures de suite... un jour de pluie... et quand on est de mauvaise humeur... c'est difficile. Oh! il y a bien quelques inconvéniens à être adorée! pourtant on ne s'en lasse pas.

LOISA, la regardant et souriant.

C'est de la coquetterie... même au village on connaît cela !

AGLAÉ, riant.

Oui... l'envie de régner, de faire des conquêtes, c'est ce qui produit les héros !

LOISA, moqueuse, riant.

Et les coquettes!.. mais les conquêtes sont plus faciles à faire qu'à garder.

AGLAÉ, riant.

A qui le dites-vous !.. il faut tant d'adresse et de sacrifices ! Imaginez ce qui m'est arrivé ces jours derniers. (Elle se lève.) On donnait au Théâtre-Français une première représention, j'avais une loge, M. le comte de Soisy veut m'accompagner, j'y consens, deux autres femmes comptaient sur lui.

LOISA, moqueuse.

Je comprends !

AGLAÉ.

Le surlendemain, votre frère qui est l'ami de l'auteur, se réjouissait tant de voir la pièce nouvelle avec moi, que je n'osai pas lui avouer que j'y avais été avec un autre ; et, deux jours après, M. Hermann, arrivant de province, veut aussi voir avec moi la nouveauté. Il était déjà assez mécontent de se trouver deux rivaux de plus...

LOISA, riant.

Il y a toujours des mécontens qui veulent arrêter les conquérans.

AGLAÉ.

Et je vais ainsi trois fois de suite au Théâtre-Français... Oh ! la coquetterie est comme toute royauté, elle a de terribles charges, à côté de ses douceurs, et tout n'est pas plaisir dans la puissance ! aussi cela m'a décidée à renoncer à la mienne. Aux grands maux les grands remèdes... je me marie.

LOISA.

Et vous allez... épouser ?..

AGLAÉ.

J'hésite encore... il y a tant à dire.,.

LOISA.

Mais vous avez déjà été mariée ?

AGLAÉ.

Six mois...

LOISA.

Et votre premier mari ?

AGLAÉ.

Je l'aimais uniquement... et il me trompait !..

LOISA.

Est-ce que vous voulez que ce soit le contraire avec le second ?..

AGLAÉ, riant.

Ah ! ah ! des malices !.. Parlons donc de vous? de celui qui vous aime...

LOISA, soupirant.

Il fut inconstant...

AGLAÉ.

Et vous n'aimez que lui ?.. c'est bien cela !..

LOISA.

Mais je veux l'oublier.. si c'est possible.

AGLAÉ, riant.

Oh ! c'est très possible ! (On entend du bruit.) Demandez plutôt à ces Messieurs, que j'entends.

AIR : Elle est folle.

AGLAÉ, LOISA.

Ah ! faisons silence,
Plus de confidence ;
L'ennemi s'avance,
Gardons nos secrets !

AGLAÉ.

Chut ! car les voici !
Ils viennent ici ;
Contre eux formons alliance.

LOISA.

Oui, contraignons-nous,
Il faut que chez vous
Le cœur ne dise rien.

AGLAÉ.

Bien !

ENSEMBLE.

Ah ! faisons silence,
Plus de confidence !
L'ennemi s'avance,
Cachons nos secrets !

SCÈNE II.

LOISA, KERVEN, ERNEST, AGLAÉ, HERMANN.

(Ils veulent faire entrer le comte le premier.)

ERNEST.

Allons donc, entre jeunes gens !..

AGLAÉ, allant au devant d'eux.

Venez, Messieurs, quoique votre présence interrompe des confidences.

(Elle va au-devant d'eux un peu seulement ; ils la saluent; puis se tournent vers Loisa et l'entourent avec surprise.)

KERVEN, inquiet, la regardant.

Ah !..

ERNEST, l'examinant avec affectation.

Mademoiselle...

HERMANN, l'admirant.

Ravissante ...

AGLAÉ, à part, mécontente, allant s'asseoir sur le canapé.

En effet !.. quelle toilette !.. je ne l'avais pas remarquée. (Haut.) Eh bien! M. Hermann, comment avez-vous trouvé la promenade d'hier ?

HERMANN, s'approchant.

Charmante, puisque j'y étais près de vous.

AGLAÉ, très coquette.

La solitude la rendait délicieuse... n'est-ce pas ?

HERMANN.

J'aime à vous l'entendre dire.

AGLAÉ.

C'est domage que M. le comte de Soisy n'ait pas pu me donner son goût sur une voiture nouvelle.

ERNEST, allant à elle et s'appuyant sur le dossier du canapé.

A vos ordres... quand vous le voudrez...

AGLAÉ, lui tendant son bras.

Votre avis sur ce bracelet. (Il prend la main et regarde le bracelet pendant que Mme de Moranville examine Kerven qui est près de Loisa.) M. Kerven, les derniers vers que vous m'avez adressés seront dimanche dans la Revue de Paris.

KERVEN, s'approchant.

Ah !.. je n'osais...

ERNEST, baise la main de Mme de Moranville qui la retire.

La main m'a empêché de voir autre chose...

(En ce moment les trois hommes sont tous groupés autour de Mme de Moranville et Loïsa est toute seule.)

AGLAÉ, très coquette, à Ernest.

Votre bon goût est si distingué, Monsieur le comte !... (A Kerven.) Votre talent si élevé, M. Kerven. (A Hermann.) Et vous êtes un ami, si dévoué M. Hermann, que je ne puis me passer de vous voir chaque jour.

ERNEST, de sa place.

Mais quelles confidences avons-nous interrompues ?

AGLAÉ, un peu dédaigneuse.

J'essayais de faire comprendre à cette jeune personne.. quelques-unes des idées d'une Parisienne.

ERNEST.

Et il serait drôle d'apprendre d'elle quelques-unes des idées d'une...

LOISA, souriant.

D'une sauvage Bretonne, n'est-ce pas ?

KERVEN, inquiet.

Il faut craindre...

LOISA, souriant.

D'entendre... ce qu'on ne doit pas dire ?

ERNEST.

Avec d'aussi beaux yeux, tout ce qu'on dit est bien !.. Contez-nous... tout ce que vous faisiez dans votre Bretagne ! parlez... je vous regarde...

LOISA, souriant.

Ah ! c'est bien simple ! élevée dans la liberté et l'ignorance des champs jusqu'à ma quinzième année, le ciel, la mer, nos rochers, nos montagnes, puis les fleurs qui naissaient d'elles-mêmes sur le sol, et les idées qui s'éveillaient d'elles-mêmes dans mon âme, voilà tout ce que je savais de la vie... les œuvres de Dieu !

KERVEN, qui d'abord était penché près de Mme de Moranville s'est retourné et paraît étonné.

Ah !

ERNEST, se dirige vers la droite de Loïsa.

Ce naïf langage est plein de charme ; il n'y a que nous pour former cela... c'est l'innocence même...

AGLAÉ, moqueuse.

Il croit cela... mais il y a des passions de village... n'est-ce pas, Mademoiselle ?..

LOISA.

Oui !.. Un jour... à ma seizième année... un jeune homme... (Mouvement de Kerven, qui est très attentif.) me promit sa foi... je me crus aimée !.. je dus le croire !.. car c'était dans les bras de sa mère... que je reçus ses sermens ; et mon cœur fut à lui pour jamais... voilà tout ce que je sais des passions... un innocent et malheureux amour..

(Kerven, moitié crainte moitié émotion, s'est levé et est elle est près d'elle.)

KERVEN, à mi-voix.

Ah ! Loïsa !

AGLAÉ, très dédaigneuse, à Hermann.

Cette naïveté semble piquante ici, entre nous, mais dans le monde...

LOISA, plus finement et souriant.

Plus tard, une noble châtelaine, qui vivait retirée dans son château, après avoir habité des palais, m'apprit à exprimer ce que je sentais, ce que je pensais ; elle me fit connaître aussi les événemens passés, les hommes illustres, et les grands écrivains. Puis elle me dit : A Paris... dans la bonne compagnie, pour être aimable et honorée, il faut dire naturellement des choses très-spirituelles... et faire simplement de très nobles actions !.. Voilà tout ce que je connais du monde... L'esprit et la bonté.

KERVEN, étonnée et charmé.

Est-ce possible ?

HERMANN, allant entre Loïsa et Ernest.

Ah ! l'on ne vous apprendra jamais rien qui vaille mieux que cela.

AGLAÉ, qui est restée seule, se lève avec humeur.

Faisons donc un peu de musique pour passer le temps, Messieurs.

(Elle va au piano.)

ERNEST.

Oui... oui... Mademoiselle doit savoir des airs bretons... ils sont charmans... Un air sauvage, je vous en prie...

LES TROIS HOMMES.

Oui... oni...

LOISA, regardant Kerven.

Volontiers... ils rappellent la patrie... à ceux qui l'ont oubliée.

AIR : combien j'ai douce souvenance.

Qu'il est doux l'air de ces campagnes
Où j'errais avec mes compagnes !
Frais vallons, fleuve aux longs détours,
Montagnes,
Beau pays, soyez mes amours
Toujours.

DEUXIÈME COUPLET.

Comment se peut-il qu'on oublie
Les champs et la verte prairie,
Où le ciel sema de beaux jours
La vie ?
O mon pays, sois mes amours
Toujours !

AGLAÉ. *

Assez ! le bruit me fatigue... j'ai besoin de prendre l'air... Venez, Messieurs, passons au jardin... Je ne vous propose pas d'y venir avec nous, Loïsa...quand on arrive à Paris... il y a mille affaires... de toilette, d'arrangemens... Je vous retrouverai bientôt...

ENSEMBLE.

AIR : Mais n'est-ce pas la ritournelle.

Vite au jardin il faut nous rendre.

*Kerven, Loïsa, Hermann, Mme Moranville, Kerven.

Le soleil vient nous avertir
Qu'on ne doit pas le faire attendre.
Car il est comme le plaisir,
Au passage il faut le saisir.

AGLAÉ.

M. Kerven, mon ombrelle ?

(Elle prend le bras d'Hermann et dit à Ernest de les suivre.)

SCÈNE III.

LOISA, seule, réfléchissant.

Ah ! je n'ai point menti... il n'est plus que mon frère... il ne peut plus être que cela... tout est fini !.. le désir de ne pas m'en séparer tout de suite, et une curiosité excusable... m'ont inspiré cette ruse... Maintenant, je dois m'éloigner; profitons de la solitude où me laisse Mme de Moranville, et retirons-nous. (Elle va pour sortir Hermann paraît.) Quelqu'un.

(Elle revient sur le devant.)

SCÈNE IV.

HERMANN, LOISA.

HERMANN, à part.

Je me suis échappé pour éclaircir un soupçon...

LOISA.

Vous avez quitté Mme de Moranville?

HERMANN, l'examinant.

Elle ne s'en apercevra pas; elle est tellement occupée de M. Kerven...

LOISA.

Ah !..

HERMANN, l'examinant, à part.

Du trouble ! (Haut.) Il l'aime tant !..

LOISA, troublée.

En êtes-vous bien sûr ?

HERMANN, de même.

Un frère... fait ordinairement ses confidences à sa sœur, et vous devez savoir...

LOISA, vivement.

Quoi donc ? qu'est-ce que je dois savoir ?..

HERMANN, à part.

De l'émotion... (Haut.) Eh bien ! son mariage.

LOISA.

Son mariage !

HERMANN, l'observant.

Vous venez sûrement pour y assister... pour être témoin de leur bonheur ?..

LOISA, vivement.

Moi ?

HERMANN, à part, avec joie.

De l'effroi ! (Haut.) Peut-être pour vivre près d'eux?

LOISA, vivement.

Jamais !

HERMANN, à part.

De la colère ! (Enchanté.) Je suis sûr de mon fait, elle n'est pas sa sœur.

SCÈNE V.

HERMANN, ERNEST, LOISA.

ERNEST, de la porte, à haute voix.

Oh ! oh ! oh ! Ceci n'est pas de bon jeu ! Je suis volé... volé comme dans un bois. Ah ! M. Hermann, allez aux élections... faites des brochures politiques, visez à la députation... c'est juste... c'est votre affaire !.. mais la beauté à courtiser, mais les leçons à donner à la naïveté ingénue, ça ne vous regarde pas... il n'y a que nous pour ces choses-là... Allons donc.

HERMANN, souriant.

Volontiers !.. A tout seigneur, tout honneur.

ERNEST.

Puisque c'est moi qui ai formé le frère.

HERMANN, souriant.

Vous lui avez rendu de grands services, vraiment ! vous l'avez empêché de travailler, vous lui avez fait connaître Mme de Moranville... vous l'avez habitué à une vie dissipée...

ERNEST.

Elégante, aimable et joyeuse ! au lieu d'une vie de pédant.

HERMANN.

Ah ! il n'y en a déjà que trop, parmi les artistes et les écrivains de nos jours, qui négligent une gloire véritable pour de misérables vanités, mettant je ne sais quel sot orgueil à un luxe mesquin qui excite l'envie des pauvres, et fait rire de pitié les riches.

ERNEST, devant lui, les bras croisés.

En vérité, M. Hermann, vous auriez dû vous mettre dans l'instruction publique !..

HERMANN.

En vérité, M. le comte... vous me fâcheriez si... vous ne m'amusiez pas...

ERNEST, riant.

Et s'amuser est tout !.. Parbleu, si vous croyez que j'approuve le luxe mesquin de Kerven ou de qui que ce soit... vous avez tort !.. le mal est là... la parcimonie... et la raison tuent tout !.. les plus grands seigneurs ont de l'ordre à présent; ils entendent les affaires; ils sont capables d'administrer les leurs et celles du pays : dans toute la haute noblesse il n'y en a peut-être pas dix qui se ruinent et fassent des folies !.. c'est affreux !.. et s'il n'en restait pas quelques-uns comme moi pour garder les bonnes traditions, tout serait perdu !.. Mais heureusement nous sommes là... ma belle enfant...

(Il fait passer Loïsa au milieu.)

Air de l'Ambassadrice.

LOISA, seule.

Dans l'art de séduire
Vous voulez m'instruire,
Et vous m'allez dire
Quel est le secret :

Je prête l'oreille
Quand on me conseille,
Je crois qu'à merveille
Monsieur s'y connaît.
Dites-moi bien
Quand on veut plaire.
Ce qu'il faut faire !
Je ne perds rien !

ENSEMBLE.

LOISA.
Dans l'art de séduire, etc.

HERMANN.
Dans l'art de séduire,
Vous voulez l'instruire;
Qu'allez-vous lui dire ?
Quels sont vos secrets ?
Moi je lui conseille
De fermer l'oreille;
Pour faire merveille,
Elle a ses astraits.

ERNEST.
Dans l'art de séduire
Il faut vous instruire,
Et je veux vous dire
Quels sont nos secrets !
Prêtez bien l'oreille;
Vous ferez merveille
Si je vous conseille,
Car je m'y connais.

SCÈNE VI.

LES MÊMES, AGLAÉ * en colère amène KERVEN.

(Elle voit le comte et Hermann près de Loïsa.)

AGLAÉ, ironiquement.

Ah! voyez donc, M. de Kerven, cette sœur trop simple et trop sauvage, disiez-vous... mais elle me semble fort apprivoisée! M. Hermann me paraît bien prompt à chercher à s'en assurer, et M. Ernest bien disposé à en profiter ! (Mouvement de tous trois.) Oui... quand nous sommes arrivés il parlait de très près et on l'écoutait très... complaisamment.

LOISA, riant.

Vous l'avez dit, Madame... la coquetterie à ses inconvéniens... et tout n'est pas plaisir... dans la puissance.

AGLAÉ, à part, étonnée et impatientée.

Elle se moque, je pense ?

KERVEN, à part, étonné.

Elle rit, je crois?

ERNEST, à part, souriant.

La dame est jalouse de m'avoir trouvé là.

HERMANN.

La curiosité qui m'attirait ici n'a rien qui puisse vous déplaire...

ERNEST.

Mon intérêt ne doit pas vous offenser.

AGLAÉ.

Et qui pense à vous blâmer, Messieurs? que me fait votre curiosité ?.. votre intérêt ?.. qui songe à cela ?.. Je suis au contraire charmée de vous trouver réunis... j'ai une nouvelle qui intéresse plus d'une personne peut-être.

HERMANN.

Quoi donc ?

ERNEST.

Qu'y a-t-il ?

AGLAÉ.

Je vous fais part de mon prochain mariage avec M. Louis Kerven.

(Tous font un mouvement.)

ERNEST, s'éloignant de Loïsa.

Ah ! ah ! le dépit.

HERMANN, de même.

Ciel, je la perds !..

LOISA.

Dieu ! tout est fini !

KERVEN, tristement.

Ah ! que je suis heureux !

LOISA, à part.

Cachons bien ma douleur !

AGLAÉ, voyant avec joie l'expression d'Hermann et d'Ernest, à part.

Quel chagrin ! (Haut.) Je suis charmée de la joie que vous cause à tous cette nouvelle... mais mon futur époux voudra bien donner quelques avis à sa sœur : qu'elle ne soit pas si prompte à accueillir, à chercher les hommages!. oui, grondez la un peu !.. (Elle fait un mouvement pour s'éloigner.) Éloignez-vous aussi, Messieurs, afin que son frère puisse lui parler librement.

LOISA, voulant s'éloigner.

Madame...

AGLAÉ. *

Restez, Mademoiselle... je reviendrai vous rejoindre tous deux dans peu d'instans.

HERMANN, à Aglaé.

Permettez, un moment d'entretien.

(Il lui offre la main, qu'elle accepte.)

ERNEST, moqueur, saluant.

Moi, je sors... (A part.) Elle me rappellera... ceci est un mouvement de jalousie contre la petite... je connais cela. (A la porte, avec fatuité.) Elle me rappellera.

SCENE VII.

KERVEN, LOISA.

KERVEN.

Vous le voyez... je reste.. car je veux... oui, je dois m'expliquer franchement, et j'hésite d'autant moins que... je ne crains plus de vous affliger.

LOISA.

Ah !

KERVEN.

La vanité... même la plus confiante, ne pourrait se flatter de vous inspirer un regret; je vous trouve riante, heureuse,..

LOISA.

Vous croyez ?

* Loïsa. Ernest, Hermann, Aglaé, Kerven.

* Ernest, Hermann, Loïsa, Aglaé, Kerven.

KERVEN, avec embarras, et hésitant.

Et je ne crains donc plus de vous dire ce que vous voyez sans chagrin. Mme de Moranville, (Elle fait un mouvement.) j'en suis aimé... Mon embarras en vous revoyant hier est assez expliqué par cet aveu... mes sentimens aussi s'expliquent facilement.

LOISA, mouvement.

Vraiment?

KERVEN.

Reportez-vous au temps où nous nous sommes connus. J'avais vingt ans. Après mes études au collége, dans une ville voisine, mon père me rappela dans notre pauvre village ; j'y vécus seul... avec des rêves! votre jeunesse, votre beauté, inspirèrent le plus délicieux.

LOISA, soupirant.

Ce n'était qu'un rêve.

KERVEN, troublé.

Les réalités de la vie... de cette vie parisienne...

LOISA.

S'allient mal avec un doux rêve.

KERVEN, embarrassé.

Ici, depuis quatre ans... habitué à la vie élégante... occupé de travaux littéraires... une femme...

LOISA.

Ignorante et pauvre comme Loïsa ne pouvait vous convenir.

KERVEN.

Ne devais-je pas croire encore ce matin qu'elle était étrangère à toutes les idées du monde?

LOISA.

Quand elle pleurait au souvenir de votre amour.

KERVEN.

Ah! mon cœur... n'était pas insensible à ses larmes... et pourtant... je ne connaissais pas encore tout ce qui a fait de Loïsa la plus aimable des femmes comme la plus jolie... Que s'est-il donc passé?

LOISA, souriant.

Oh! rien! je vous l'ai dit: appelée au château près de ma protectrice, il fallut, pour charmer sa solitude, lire et écrire auprès d'elle... mais le travail me coûta peu ; et quand elle parlait de tout ce que le monde offre de beau et de bon, je n apprenais pas... je me souvenais...

KERVEN.

Comment?

LOISA.

Oui... je me souvenais de vous... de vos idées, de vos sentimens, de vos projets!.. car je vous ai toujours compris!.. seulement, je ne savais pas les mots pour vous le dire.

KERVEN.

Qu'elle est charmante!

LOISA.

S'aimer, n'est-ce pas se comprendre et penser ensemble? Aussi, quand tout à l'heure... elle... cette personne que vous épousez, m'a dit qu'elle hésitait à vous choisir, oh! j'ai bien vu qu'elle ne vous aimait pas!.. Est-ce qu'on hésite? est-ce que l'on compare?.. est-ce qu'on sait si d'autres existent? Dès qu'on aime quelqu'un, il n'y a que lui...

KERVEN, charmé.

Oh! Loïsa!

LOISA, soupirant.

Et quand on l'a perdu... il n'y a plus personne...

KERVEN, troublé.

Mais... on se retrouve...

LOISA.

Que dites-vous?

Air de Doche.

KERVEN.

Quelquefois un cruel orage
Vient attrister le plus beau jour :
Le soleil perce le nuage,
Tout s'embellit à son retour!

LOISA.

En est-il ainsi de l'amour?

KERVEN.

Souvent une erreur passagère
L'égara,
Mais fuira;
Le passé renaîtra!

LOISA.

Vous le croyez?

KERVEN.

Vous le voyez!

LOISA.

On se souvient?

KERVEN.

Et l'on revient!

LOISA.

Alors de celle qui fut chère,
Le cœur n'est donc plus méconnu?
On l'aime encore, elle sait plaire,
Et les beaux jours ont reparu!

(Ensemble les deux derniers vers.)

SCÈNE VIII.

LES MÊMES, HERMANN, AGLAÉ. *

HERMANN.

Vous le voyez, Madame, je l'avais deviné; elle n'est pas sa sœur...

AGLAÉ, furieuse.

Me tromper... me jouer à ce point!..

LOISA, s'éloignant de Kerven.

Ciel!

KERVEN, de même.

Dieu!

AGLAÉ.

Ici, chez moi, une intrigue avec cette petite fille!.. abuser de ma bonté!.. Mais qui est-elle donc, cette belle demoiselle?..

HERMANN.

Vous le savez... elle n'est pas la sœur de Kerven... c'est une passion de village.

KERVEN, menaçant.

Monsieur...

LOISA.

Madame, daignez m'entendre?

* Hermann, Aglaé, Kerven, Loïsa.

AGLAÉ.

Moi, vous écouter un seul instant! Oh! sortez, sortez... ou je vous fais chasser.

(Kerven va près de Loisa; Christophe paraît.)

SCÈNE IX.

LES MÊMES, CHRISTOPHE. *

CHRISTOPHE, au fond, avec force.

La chasser !

(Mouvement.)

LOISA.

Christophe !

CHRISTOPHE.

Chasser Mlle Loïsa.., mais elle est donc folle cette dame-là.

AGLAÉ.

Qu'est-ce que cela ?

CHRISTOPHE.

Mais on ne sait donc rien respecter dans ce pays-ci ? on ne sait donc pas que c'est l'honneur et le bonheur du nôtre que la bonne Loïsa ? Mon Dieu ! pourquoi a-t-elle voulu venir ici chercher un trompeur, un perfide ?

KERVEN, fait un mouvement.

Ah !

AGLAÉ.

Que dites-vous ?

CHRISTOPHE, regardant Kerven.

Mais le voilà!.. elle est venue pour lui. (Emu.) elle est allée le trouver, elle, qu'on adorait au pays ! pour qui tous les garçons du village se seraient fait tuer, sans même oser lui dire qu'ils l'aimaient! sans en rien espérer ! Et lui, l'ingrat, au lieu de la recevoir à genoux, en bénissant le ciel d'un tel bonheur, il l'a repoussée, il l'a chassée !..

(Mouvement de tous.

AGLAÉ.

Est-ce vrai ?

KERVEN.

Oh ! ne dites pas cela !

HERMANN.

Est-ce possible!

CHRISTOPHE.

Oui, chassée, et j'arrive ici pour être encore témoin d'une pareille indignité! La pauvre enfant, dans son trouble, elle se jeta sous les pieds des chevaux d'une voiture, où elle faillit périr.

AGLAÉ.

C'est cela !..

CHRISTOPHE.

Et je n'étais pas là pour me précipiter, pour la sauver !.. et je n'ai pas tué celui qui l'outrageait !

KERVEN, se retournant vivement avec un geste de menace.

Vous !

CHRISTOPHE.

Ah ! c'est que je ne le savais pas hier soir ! je savais seulement qu'elle était partie, qu'elle allait tenter une épreuve.

(Mouvement de tous.)

* Hermann, Aglaé, Christophe', Loïsa, Kerven.

AGLAÉ.

Comment?

CHRISTOPHE.

Moi, qui me sens là, pour elle, quéqu' chose que je ne peux pas définir... et qui ne peux pas voir faire du mal à quelqu'un, j'ai deviné les dangers qui la menaçaient... j'ai suivi la voiture sans qu'elle le sût !

LOISA.

Oh!

CHRISTOPHE.

Pardon, Mademoiselle, de cette liberté !... mais, c'est moi qui ai réveillé le postillon endormi qui s'en allait dans le fossé ; et, une autre fois, le conducteur ivre, qui allait verser.. cependant, j'étais si las, hier matin, que deux heures de sommeil involontaire vous ont donné de l'avance sur moi, et je suis arrivé trop tard pour vous suivre, vous attendre à sa porte et vous secourir... J'étais là-bas quand j'aurai dû être ici... Ah! cré coquin! (Il se tape le front.) Le malheur... le danger étaient venus, et je n'y étais plus ! Je ne m'en consolerai jamais!

LOISA.

Quelle bonté !

AGLAE, étonnée.

Mais si M. Kerven la repoussait hier, pourquoi donc la cherchait-il aujourd'hui ?

CHRISTOPHE, avec colère.

Il la cherchait ?

AGLAÉ.

Là, tout à l'heure, il était près d'elle, lui disant qu'il l'aimait.

CHRISTOPHE.

Il disait cela ?

AGLAÉ.

Lui demandait de l'aimer.

CHRISTOPHE, avec colère.

Lui ?.. Ah ! c'est affreux ! il a repoussé hier la pauvre fille dévouée, et il cherche aujourd'hui la riche héritière ?

(Mouvement.)

HERMANN.

Riche héritière !

AGLAÉ.

Elle !.. riche ?..

KERVEN, avec colère.

Qu'osez-vous dire ?

CHRISTOPHE.

La vérité ! Et pourquoi ce changement si prompt, s'il n'était à cause de la fortune ?

KERVEN, avec indignation.

Et quelle fortune ? Ah ! que Loïsa soit riche ou non... je l'ignore, et peu m'importe !

CHRISTOPHE, avec colère.

Vous l'ignorez ? Osez-vous dire cela, quand c'est moi qui vous l'ai appris?

KERVEN, étonné, très vivement.

Vous m'avez appris quelque chose, vous ? Mais je ne vous connais pas, je ne vous ai jamais vu, je vous parle en ce moment pour la première fois !

CHRISTOPHE.

Ah ! c'est trop fort aussi ! Mais n'êtes-vous pas Louis Kerven ?

KERVEN.

Sans doute.

CHRISTOPHE.

Demeurant aux Champs-Élysées, où je vous ai trouvé hier, la nuit? où j'allais la chercher, et où je vous ai appris quelle fortune immense lui laissait la marquise de Plénoë.

(Mouvement de tous.)

LOISA.

Ah!

AGLAÉ.

M. Kerven!

KERVEN, stupéfait, passant près de Christophe.

Moi, vous m'avez parlé?.. vous m'avez...

CHRISTOPHE.

Moi-même, en personne naturelle. Pourquoi mentir? Ne sommes-nous pas sortis ensemble de chez vous? ne vous ai-je pas perdu au milieu de la foule, dans l'obscurité des Champs-Élysées? Mais, avant, ne vous ai-je pas remis des papiers que Mlle Loïsa avait oubliés, où se trouvait une copie du testament avec tout le détail des biens?

KERVEN, exaspéré.

Cet homme est fou, ou c'est un misérable imposteur.

CHRISTOPHE.

Vous les avez pris de mes mains, ces papiers, et vous les avez mis dans votre poche, là!

KERVEN, avec fureur, mettant la main dans sa poche et tirant vivement des papiers.

Dans ma poche! moi! les papiers! (Il jette par terre plusieurs papiers de sa poche.) Voyez plutôt!

CHRISTOPHE, ramassant un papier.

Oui, c'est ça, voyons; en effet... le voilà!

(Grand mouvement de tous.)

KERVEN, hors de lui.

Mais ce n'est pas possible.

CHRISTOPHE, lisant le papier.

« Je lègue à ma fille adoptive tous mes biens » du canton de Ploërmel, plus, le château, mon » hôtel à Paris, regrettant de n'avoir pas des » biens plus considérables, afin de les lui laisser et de lui faire un sort digne de tant de » vertus, d'esprit et de bonté. » (Parlant et montrant le papier.) Ça y est, voyez.

KERVEN, comme un fou.

Est-ce que tout cela est réel?

CHRISTOPHE, avec indignation.

Oserait-il dire que le testament n'était pas dans sa poche? Vous l'avez tous vu! Et lui aussi l'avait vu, puisqu'il revenait!

LOISA, passant près de Christophe.

Arrêtez!

CHRISTOPHE.

Ah! je parlerai, je dirai la vérité, je ne veux pas qu'elle soit trompée, abusée par lui!.. un ingrat, un mauvais sujet qui, après lui avoir déchiré le cœur, s'en allait au bal!

LOISA.

Ah!

CHRISTOPHE.

Quand il y a des gens qui, pour lui épargner un chagrin, à elle, se mettraient au feu!.. Oh! oui, il y en a comme ça!.. Quand elle trouverait des maris... et des riches, et des seigneurs, et des paysans... et des marquis, et ce ne serait pas pour sa fortune...

(Tous font un mouvement. Kerven a l'air de vouloir se jeter sur Christophe. Loïsa vient vivement se placer entre eux.)

LOISA, vivement.

Cela n'est pas possible! cela n'est pas!..

AGLAÉ.

Comment!

HERMANN.

Ah!

KERVEN.

Vous le savez!

LOISA, très émue, passant près d'Aglaé.

Je ne le sais pas... mais j'en suis sûre!.. Ah! écoutez-moi, Madame... il ne m'aime plus... c'est bien assez pour mon chagrin, mais c'est tout! Le reste n'est pas vrai... Christophe, votre zèle vous aura trompé... Madame, vos yeux vous trompaient tout à l'heure... Non, c'est vous seule qu'il aime!.. Si vous en doutez, regardez-moi!.. J'arrivais hier fraîche et joyeuse, me voici tout en larmes et désolée... vous voyez qu'il ne m'aime plus. (Elle pleure.)

KERVEN.

O mon Dieu!

LOISA, avec plus de calme.

Mais il est honnête et bon... Soyez en sûre, Madame..... (A Hermann.) N'en doutez pas, Monsieur. (A Christophe.) Merci, mon ami... Attendez-moi, vous protègerez mon retour au pays.

CHRISTOPHE.

Oui, Mademoiselle, oui. (A part.) Oh! cette fois, je ne la quitterai pas.

AGLAÉ.

Je me retire, Mademoiselle... mais restez ici, je vous en supplie... Que ma maison soit comme la vôtre jusqu'à ce que vous ayez un asile convenable.

LOISA.

Dans une heure, j'aurai quitté Paris pour jamais!.. oui, Madame; mais, vous, ne vous séparez pas de celui qui vous aime... ne renoncez pas à un bonheur que... vous regretteriez... toute votre vie.

ENSEMBLE.

AIR : A bientôt, au revoir.

AGLAÉ.

Demeurez. Au revoir!
Si j'en crois mon espoir,
Nous allons voir, enfin,
S'effacer le chagrin.

LOISA.

Je fuirai dès ce soir;
Car ici quel espoir
Dans mon cœur peut, enfin,
Effacer le chagrin?

CHRISTOPHE.

Je m'en vais, mais au r'voir,
Car je garde un espoir,
Et j'veill'rai pour qu'enfin
Disparaiss' le chagrin.

HERMANN.

Faudra-t-il la revoir,
Et garder quelque espoir?
Et pour lui dois-je enfin
Renoncer à sa main?

SCENE X.

LOISA, KERVEN, accablé.

LOISA.

Ah! moi, l'espoir de toute ma vie s'est détruit hier en un instant!.. oui, quand je vous ai vu, vous, me regarder sans me reconnaître, m'écouter sans me comprendre... j'ai cru que mon cœur allait se briser!.. Eh bien! je ne savais pas encore tout ce qu'on peut souffrir... Hier, je ne pleurais... que sur moi.

KERVEN, vivement.

Ciel! vous avez été généreuse, et non pas convaincue! Ah! vous avez raison, pleurez sur moi: mon malheur est affreux... tout est perdu... et je l'ai mérité.

LOISA.

Que dites-vous?

KERVEN.

Mais laissez-moi vous dire ce que vous ne savez pas, ce que nul ne peut savoir, s'il n'a vécu dans Paris!.. Combien de folies, d'erreurs et de chagrins, peut produire la crainte de paraître pauvre, depuis qu'on n'attache plus d'honneur qu'à être riche.

LOISA.

Est-ce que cela est ainsi?

KERVEN.

Long-temps j'avais vécu seul à l'abri de ces idées; le travail, mes souvenirs et mes espérances me suffisaient... Ah! si vous étiez venue alors!.. L'ange de mes jeunes pensées eût encore trouvé mon cœur tout rempli de mon premier amour.

LOISA.

Hélas!

KERVEN.

Mais entraîné loin de ma retraite, au milieu d'un monde insensé... car il en est plusieurs à Paris, Loïsa... il en est, comme vous l'avez dit, où règnent l'esprit et le bon goût... mais l'on m'avait jeté dans un monde de folles vanités, où l'on règne par l'extravagance et par la richesse; où le plus sot n'a besoin, pour être le premier, que d'être le plus opulent; où les femmes n'ont de sourires que pour l'homme à la mode par son luxe et ses folies; où mon amour-propre blessé n'eût pas cessé un instant de souffrir, si je n'avais offert l'apparence de la fortune... car ce monde existe aussi, et c'est là que vont s'engloutir, de nos jours, bien des talens et bien des consciences.

LOISA.

Et ce monde ne vous effraya pas?

KERVEN.

Je ne le voyais pas ainsi: il m'éblouissait.

LOISA.

O mon Dieu!

KERVEN.

La modeste fortune qui suffisait à mes besoins fut dévorée en quelques mois. Des amis complaisans m'ouvrirent leurs bourses, croyant qu'il me serait possible de rendre ce qu'ils me prêtaient... Ensuite il fallut avoir recours à des usuriers... bien plus, j'en vins à aliéner jusqu'à ma pensée!.. Un travail fatigant, assidu, sans relâche, m'a seul fourni une partie de l'argent nécessaire à chaque jour... et j'ai renoncé, pour ces publications sans avenir, à toutes les espérances de gloire qui avaient été l'âme de mes travaux.

LOISA.

Est-ce possible?

KERVEN.

C'est alors que je rencontrai Mme de Moranville.

LOISA.

Ah!

KERVEN.

Loïsa... dût la vérité me perdre à jamais auprès de vous, je la dirai!.. Je fus coupable, mais non méprisable! et ce ne fut pas en pensant à sa fortune que je cherchai son amour... Non, la vanité et les plaisirs m'enivraient, et Mme de Moranville était pour moi la représentation de ce monde sans lequel il m'était impossible de vivre!.. Elle était identifiée avec tout ce qui m'éblouissait!... Vous le voyez, Loïsa, ce n'était plus moi, ce n'était plus celui que vous aviez aimé!.. De même que j'avais perdu le sentiment de la vraie gloire, j'avais perdu aussi celui de l'amour véritable!.. Mais, je ne l'ai senti qu'en me retrouvant auprès de vous... Voilà mes torts... oui, tous!.. Quant à ces vils calculs, à ce retour pour une fortune... je...

LOISA.

Non, non, c'est impossible! je ne l'ai pas cru un seul instant!..

KERVEN.

Cet homme, je ne lui ai jamais parlé; cet écrit, je ne l'ai jamais lu!.. Et ce papier trouvé là, sans que je sache comment, achève de me perdre à vos yeux, à ceux des autres, au moins!

LOISA, avec embarras.

Ah! ce n'est pas de votre délicatesse et de votre honneur que je dois douter.

KERVEN, vivement.

Oh! ne doutez pas non plus de...

LOISA.

De quoi donc?

KERVEN, à part.

Sa fortune... je dois me taire.

LOISA.

Vous alliez dire quelque chose?

KERVEN.

Rien, rien... je n'ai plus rien à dire.

LOISA, tristement.

Ainsi, tout est bien fini!

KERVEN, de même.

Nous sommes séparés pour toujours!

LOISA, à part.

C'est donc elle qu'il aime!

KERVEN.

Adieu, Loïsa, adieu... J'ai voulu vous dire toute la vérité... vous avouer des torts que ce matin encore je ne m'avouais pas à moi-même, mais que votre vue, vos paroles, et vos sentimens si nobles et si vrais m'ont révélés!.. Et maintenant, que mon nom ne vous soit pas odieux, et que rien de trop amer ne se mêle au souvenir de celui qui ne vous reverra jamais!

LOISA.

Ciel!

KERVEN.

Soyez heureuse... c'est mon vœu le plus cher. Adieu!..

(Il pleure.)

LOISA.

Adieu!

KERVEN.

Vous partez?

LOISA.

Oui.

AIR : Muse des bois et des accords champêtres.

Je vais partir pour quelque long voyage,
Et tout me dit qu'il sera sans retour;
Je ne veux plus revoir notre village,
Ni dans Paris demeurer un seul jour!
Partout, hélas! m'attend l'indifférence,
Pas un écho qu'éveillent mes soupirs,
Pas un seul lieu qui m'offre une espérance...
Et j'ai besoin de fuir mes souvenirs!

(Au moment où Loïsa ouvre la porte pour sortir, on aperçoit Christophe; Kerven s'est éloigné et va s'asseoir avec chagrin sur le canapé.)

SCÈNE XI.

LOISA, CHRISTOPHE, KERVEN.

CHRISTOPHE, à demi-voix.

Est-ce qu'il la chasserait encore?

LOISA, à demi voix, et désolée.

Non, c'est moi qui désire m'éloigner... hélas! et lui aussi, il le désire.

KERVEN, avec désespoir, sur le canapé.

Partie pour toujours, hélas!

LOISA, dans le fond, voulant s'éloigner, et bas, à Christophe.

Allons donc!

CHRISTOPHE, bas, et la retenant.

Un moment!.. un moment!.. j'ai quelque chose à voir ici.

(Ils sont tous deux dans le fond, près de la porte de sortie.)

SCÈNE XII.

LES MÊMES, Mme DE MORANVILLE.

KERVEN, à lui-même, sur le canapé.

Oui, si j'avais osé lui dire que je l'aime, j'aurais justifié d'odieuses accusations!.. Sa fortune nous sépare à jamais!.. mais je dois me séparer aussi de tout ce qui causa mon malheur et le sien. Ecrivons à Mme de Moranville.

(Il écrit.)

CHRISTOPHE, à Loïsa, qui veut l'emmener.

Non, je ne peux pas m'en aller comme ça... Ah! quelqu'un!..

AGLAÉ, sortant de sa chambre. *

Mon trouble et mon inquiétude ne me laissent pas de repos. (Elle s'avance rêveuse, ne voit pas Christophe et Loïsa qui sont au fond, et, en arrivant au milieu du théâtre, elle voit Kerven.) Ah! M. Kerven!..

KERVEN, se levant.

Qui vous écrivait un adieu!

(Il lui remet la lettre; Ernest de Soisy paraît à la porte à gauche de l'acteur avec Hermann; il entend le mot adieu.)

AGLAÉ, prenant la lettre.

Ah!

ERNEST, accourant vivement au mot adieu.

Mme de Moranville me rappelle?

AGLAÉ, étonnée.

Moi?

ERNEST.

Voilà M. Hermann qui s'éloignait tout chagrin... Kerven qui vous dit adieu... Vous me rappelez donc?

AGLAÉ.

Pas le moins du monde.

(Elle lit bas la lettre remise par Kerven.)

ERNEST, avec curiosité.

Mais dans cette lette de Kerven...

AGLAÉ.

Dans cette lettre, il y a : (Elle lit haut.) «Près de vous, Madame, est un jeune homme »que votre cœur préfère en secret.»

ERNEST. *

Un jeune homme!.. Eh bien! est-ce que ce n'est pas moi?

AGLAÉ, à Hermann, en souriant.

Est-ce que vous le lui auriez déjà dit?

HERMANN, enchanté, et lui prenant la main.

Moi, qui ne le savais pas encore!

ERNEST.

Ah! ah!.. mais alors... Kerven, vous ne savez pas?.. une idée sublime, mon cher!.. La marquise de Plénoë, ma tante, qui m'avait promis solennellement de ne me rien laisser, elle a tenu parole!.. Rien pour moi! tout à votre sœur!.. les terres, le château, etc. Eh bien! moi, je lui offre encore le neveu par-dessus le marché!

CHRISTOPHE, s'avançant.

Un mari comme ça... à elle?.. Merci, ce n'est pas la peine!

KERVEN, apercevant Loïsa.

Loïsa!..

ERNEST.

Ce paysan...

(Loïsa est restée dans le fond.)

CHRISTOPHE.

Oui, ce paysan!.. accoutumé à dire toujours la vérité, et qui ne peut pas venir à bout de la deviner dans ce diable de pays où tout le monde semble se donner le mot pour vous attraper!

LOISA, s'approchant, et voulant lui imposer silence.

Christophe!

CHRISTOPHE.

Jusqu'à vous, Mamzelle, qui êtes si vraie: voilà que vos paroles ne vont pas avec votre air.

* Loïsa, Christophe, Mme de Moranville, Kerven.

* Ernest, Mme de Moranville, Hermann, Kerven, derrière; Loïsa, Christophe.

Vous dites que vous voulez partir, et il semble que ce départ va vous fendre le cœur !.. (Mouvement de tous.) Je le vois bien !.. Et lui, donc ? (Il indique Kerven.) Il désire ne plus vous revoir... il dit ça... Eh bien ! regardez-le, on croirait qu'il va mourir de chagrin !

(Mouvement de tous.)

KERVEN.

Moi ?

CHRISTOPHE.

Je vous dis qu'ici c'est des tromperies de toutes sortes !.. Voilà-t-il pas qu'hier soir c'était le valet qui avait les habits du maître, et que j'ai pris pour lui !..

TOUS.

Comment ?

CHRISTOPHE.

Eh ! oui, je viens d'apprendre ça du petit drôle qui s'est moqué de moi hier soir.

ERNEST, riant aux éclats.

Ah ! ah ! ah ! c'est ça que mon valet de chambre m'a conté... Dans un bal où la livrée n'était pas admise... (A Kerven.) Votre groom s'était déguisé avec un de vos habits.

KERVEN, vivement.*

Oh ! c'est ainsi que le testament s'est trouvé dans ma poche, à mon insu, vous le voyez... tous les soupçons... Oh ! ils étaient trop indignes de moi !.. j'ose à peine les rappeler.

AGLAÉ.

Vous n'aviez pas besoin de justification.

KERVEN, soulagé.

A présent qu'elle est complète.

CHRISTOPHE.

Si les valets se déguisent en maîtres dans ces pays-ci, il n'y a pas de raison pour que les maîtres ne se déguisent pas en valets, et alors, c'est à ne plus s'y reconnaître.

KERVEN, à Christophe.

Ah ! vous m'avez fait bien du mal !..

CHRISTOPHE.

Moi ! faire du mal à quelqu'un ?.. C'est donc ce maudit pays qui en est cause ?..

(Mme de Moranville s'asseoit sur le canapé ; Ernest est à sa droite, Hermann à sa gauche.)

KERVEN.

Oui, le bonheur et la raison s'y perdent en effet.

* Ernest, Loïsa, Christophe, Kerven, Mme de Moranville, Hermann.

CHRISTOPHE, lui prenant la main, et regardant Loïsa, puis, poussant un gros soupir.

Mais est-ce qu'ils ne peuvent pas s'y retrouver ? Voyons, Mamzelle, qu'en pensez-vous... hein ? parlez ?.. qu'est-ce que vous allez faire ?

LOISA.

Air de Colalto.

J'ai bien long-temps vécu d'un souvenir
Au doux pays où l'on m'avait aimée ;
Vers mes beaux jours j'ai voulu revenir,
Et bientôt à l'espoir mon ame s'est fermée !
L'espoir renaît ; le chagrin s'est enfui,
Car Dieu me rend l'ami de mon jeune âge !
Pour le chercher, j'ai quitté le village,
Je ne veux pas y retourner sans lui !

(Elle tend la main à Kerven, qui s'élance vers elle.)

KERVEN.

Ah ! Loïsa !..

ERNEST.

Eh bien ! eh bien ! sa sœur ?.. Je n'y suis plus du tout !

CHRISTOPHE.

Sa sœur ! il est bon là, le petit vieux !.. Allons, elle sera heureuse !.. (Il soupire.) C'est tout ce qu'il me faut à moi... puis, la voir quelquefois... de loin... car il faudra toujours passer l'été en Bretagne... La nature... de bonnes gens... et un ami, un pauvre être dévoué... à la vie et à la mort !.. comme moi... ça vous changera des plaisirs de Paris.

KERVEN.

Auquel nous faisons aujourd'hui nos adieux !

Air : Sonnez.

LOISA, au public.

Messieurs, pour la Bretagne
Nous allons fuir ces lieux.

KERVEN, de même.

Loïsa m'accompage
Et vous fait nos adieux.

CHRISTOPHE, de même.

Dans ce Paris que je redoute,
Vous seuls pourriez nous arrêter.

LOISA.

Faut-il nous mettre en route,
Ou bien faut-il rester ?
Allons, allons, dites-nous d'y rester.

ENSEMBLE.

Messieurs, dites-nous d'y rester.

NOTA. S'adresser, pour la musique de cette pièce, à M. Taranne, bibliothécaire, au théâtre du Vaudeville.

Imprimerie de Mme de Lacombe, r. d'Enghien, 12.